Julius Mann

Heinrich Melchior Mühlenbergs Leben und Wirken

Verlag
der
Wissenschaften

Julius Mann

Heinrich Melchior Mühlenbergs Leben und Wirken

ISBN/EAN: 9783957005694

Auflage: 1

Erscheinungsjahr: 2015

Erscheinungsort: Norderstedt, Deutschland

Hergestellt in Europa, USA, Kanada, Australien, Japan
Verlag der Wissenschaften in Hansebooks GmbH, Norderstedt

Dr. Heinrich Melchior Mühlenberg.

Heinrich Melchior Mühlenbergs

Leben und Wirken.

Von

W. J. Mann, D.D.,

Professor am theologischen Seminar und Pastor Emeritus der luth.
St. Michaelis- und Zions-Gemeinde in Philadelphia.

***

Zum 150. Jahrestag von Mühlenbergs Ankunft in der Neuen Welt.

***

Mit vielen Bildern.

Philadelphia, Pa.:
Pastor A. Hellwege, Roxborough.
1891.

Vorwort.

Der Name des Ehrwürdigen Heinrich Melchior Mühlen=
berg ist weithin in der evangelisch=lutherischen Kirche dieses Landes
und über ihre Grenzen hinaus wohl bekannt und hat einen guten
Klang. Aber je weiter wir im Lauf der Jahre und Jahrzehnte der
Zeit entrückt werden, in welcher jener treue Mann mit dem ganzen
Eifer eines echten Missionars für die lutherischen Gemeinden und die
lutherische Kirche dieses Landes grundlegende Arbeit gethan hat, desto
mehr verliert sich unter den einander folgenden Geschlechtern die Er=
innerung an das viele Einzelne und doch so Bedeutende, was jener
Patriarch des Luthertums auf dem jungfräulichen Boden der Neuen
Welt erstrebt, erduldet, erhofft, erzielt hat. Namentlich den Ein=
wanderern, die hier an ihre lutherische Mutterkirche sich anschließen,
steht Mühlenberg der Natur der Sache nach ferner, aber soll ihnen
näher gebracht werden. Denn im deutschen Vaterlande selbst ist sein
Name leider gar nicht bekannt, wie er es doch in der That und in
vollem Maße verdiente.

Nun ist aber auch kein Weg besser, um in das Verständnis des
hiesigen Kirchenwesens und Gemeindelebens einzuführen, als daß man
von der Geschichte selbst lernt, wie die kirchlichen Dinge und wie das
Verhältnis zwischen Kirche und Staat sich hier in dieser Neuen Welt
nach und nach entwickelten, bis endlich der verfassungsmäßig ange=

nommene Grundsatz der Trennung zwischen Kirche und Staat die Frage für immer abschloß.

In dieser Hinsicht ist nun das Leben und Wirken Mühlenbergs und der Blick in die Zustände jener Zeit außerordentlich merkwürdig und lehrreich. Damals galt es im Rauhen und aus dem Rauhen zu arbeiten. Aber die Arbeit war nicht vergeblich und auf dem mit saurer Mühe gelegten Grund hat sich unter Gottes Segen hier unsere evangelisch-lutherische Kirche mit ihren zahlreichen Synoden und den Tausenden ihrer Gemeinden erbaut.

Das Leben H. M. Mühlenbergs war nach außen betrachtet ohne irdischen Glanz und weltliche Ehre. Aber man sieht da, was ein Mensch werden und wirken kann, wenn er in Einfalt des Glaubens seiner Kirche redliche Liebe entgegen bringt, den Geist Gottes in sich wirken läßt, und sich demütig dem Herrn zum Dienste in Seinem Reich darbietet.

Möge unser Büchlein freundliche Aufnahme und viele Leser finden, die durch dasselbe zu regerer Teilnahme an ihrer evangelisch-lutherischen Mutterkirche und zu thätigerer Liebe zu ihr angeregt und ermuntert und in allem Christlichguten gefördert werden!

Philadelphia, 21. November 1891.

W. J. Mann.

Inhalts-Verzeichnis.

I. Mühlenbergs Leben und Wirken.

Paſtor W. J. Mann, D.D.

I.

Die Jugendjahre.
Die Lehrzeit.

—

Es ist leicht möglich, liebe Leser, daß ihr den Namen des Man=nes, von welchem ich euch jetzt erzählen will, auch schon gehört habt. Der Name ist **Heinrich Melchior Mühlenberg.** Der ist in der ganzen lutherischen Kirche weit und breit im Lande recht wohl bekannt. Er ist freilich schon vor langer Zeit gestorben, schon vor über hundert Jahren. Und damals und seither sind ja gar viele andere Leute auch gestorben. Von den meisten von ihnen weiß man und redet man nicht mehr. Aber H. M. Mühlenberg ist nicht vergessen. Von ihm redet man und hört man noch immer. Es gilt von ihm, was in der hl. Schrift steht: Obwohl er tot ist, redet er noch durch den Glauben (Ebr. 11, 4).

Im Jahre 1711, am 6. September, erblickte der kleine Mühlen=berg zum ersten Male das Licht der Welt. Das Haus, in welchem er seine Kinderjahre verlebte, war kein reiches, vornehmes Haus. Die Stadt, in der das Haus stand, Eimbeck, im nördlichen Deutschland, im damaligen Kurfürstentum Hannover, war auch keine große Stadt. Der liebe Gott wählt gar oft gerade das Unbedeutende und

(5)

scheinbar Kleine, um etwas recht Gutes daraus hervorkommen zu lassen. Denket nur an Bethlehem.

Die Eltern sorgten als christliche Eltern, daß ihr liebes Kind sehr frühe die heilige Taufe empfing. Sodann ließen sie den Knaben vom 7. bis 12. Jahre in die Schule gehen, wo er fleißig Deutsch und Lateinisch lernte. Nachher hat er bei allerlei Arbeit geholfen, ist aber auch im Unterricht in den Grundwahrheiten unseres allerheiligsten Glaubens befestigt worden. Mit der Konfirmation wurde er in der evangelisch-lutherischen Kirche und Gemeinde zum Glied gemacht und ihm dann zum ersten Male die Teilnahme am heiligen Abendmahle gestattet.

Die Jahre seiner Jugend sind dem lieben Heinrich Melchior Mühlenberg nicht leicht geworden. Er mußte schwere Arbeit den ganzen Tag über verrichten. Das war Vorbereitung für die Zukunft. Denn leicht ist ihm das Leben nie geworden. Es war Mühe und Arbeit und viele Unruhe und auch allerlei Not bis an sein Ende. Aber darüber hat er nie gemurrt, sondern das als den heiligen Willen Gottes angesehen. Denen, die Gott lieben, muß alles zum besten dienen (Röm. 8, 28).

Ein sehr schwerer Schlag war es für ihn, als ihm sein lieber Vater durch den Tod entrissen wurde, als er erst 18 Jahre alt war. Das machte auf ihn einen tiefen, schmerzvollen Eindruck. Es gab auch in Eimbeck wilde, ausgelassene Jungen, und ging nach dem Sprichwort: Jugend hat nicht Tugend. Aber die ernsten, schweren Erfahrungen hatten für den jungen Mühlenberg ihren Segen. Er wurde durch sie von leichtsinnigen Kameraden abgezogen und das Wort Gottes zeigte ihm den rechten Weg. Wie wird ein Jüngling seinen Weg gehen unsträflich? Herr, wenn er sich hält nach Deinen Geboten (Ps. 119, 9).

Unser junger Freund war in der ihm auferlegten Tagesarbeit fleißig und treu. Aber gar stark regte sich in seinem Gemüte das Verlangen, mehr Kenntnisse zu erlangen und sich dadurch für sein künftiges Leben vorzubereiten und auszubilden. In ihm war, was so vielen jungen Leuten fehlt, „eine Sehnsucht zu lernen." Ihn durfte man zum Lernen nicht erst antreiben. Darum sah er es als einen großen Gewinn an, als ihm in seinem 21. Jahre von den Seinigen gestattet wurde, seine Abendstunden ganz frei für sich anwenden zu dürfen. Manchen jungen Leuten werden gerade ihre freien Abende zum Verderben, besonders durch bösen, schädlichen Umgang und Ausgelassenheit. Der junge Mühlenberg aber benützte nun seine Abendstunden, um nützliche Kenntnisse zu sammeln. Er erlernte die Anfangsgründe der Musik, des Orgelspiels und des Gesangs. Das kam ihm nachher sehr zu gut, sein Leben lang. Besonders aber trieb er nun die lateinische und griechische Grammatik.

Die Folge davon war, daß einige Männer von Einfluß in der Stadt Eimbeck auf ihn aufmerksam wurden und es bald dahin brachten, daß er, der bisher nur in stillen Stunden bis in die Nacht hinein für sich eifrig gelernt hatte, nun von anderer Arbeit freigesprochen und in die oberste Klasse der Lateinschule eingeführt wurde. Den Jungen in der Klasse kam das nun ganz seltsam vor, daß ein so Großer, Hochgewachsener mit ihnen auf denselben Bänken sitzen sollte. Aber als sie merkten, wie er so vortrefflich seine Lektionen lernte und wie er den Lehrern auf ihre Fragen so richtig zu antworten wußte, und von ihnen geachtet und geliebet wurde, da gewannen sie auch Achtung vor ihm und er wurde ihnen zur Aufmunterung.

Im deutschen Vaterland war es in vielen Städten bis in unsere Zeit herein Sitte, daß arme Schüler der Stadtschulen früh morgens als ein Chor durch die Straßen gingen und an manchen Häusern ein Kirchenlied mit einander anstimmten. Die Bewohner dieser Häuser erwiesen den armen Jungen dafür Wohlthaten. Ihr wisset aus der Jugendgeschichte Martin Luther's, welchen Eindruck sein liebliches, herzliches Singen auf die edle Frau Cotta in Eisenach machte. Nun, in diesen jugendlichen Singchor trat auch Mühlenberg in seiner Vaterstadt und ließ seine klare, sicher treffende Stimme weit erklingen.

Es war im Jahre 1733, daß ihm geraten wurde, sich nach den damals wohlbekannten Schulen auf dem nicht ferne gelegenen Harzgebirge, nach Clausthal oder nach Zellerfelde zu begeben. An letzterem Orte wurde er von dem vortrefflichen Schulmeister Raphelius freundlich aufgenommen. Und dieser verhalf ihm auch sofort zu einer Anzahl von Schülern, die er nun in Luthers Kleinem Katechismus, im Schreiben und Rechnen zu unterrichten hatte. Damit verdiente er seinen Lebensunterhalt und hatte Zeit genug, selbst tüchtig weiter zu studieren. Der gute Schulmeister widmete ihm auch freiwillig noch abends besondere Unterrichtsstunden. Mühlenberg wurde dabei im Griechischen so fest, daß er das Neue Testament leicht in dieser seiner ursprünglichen Sprache las und in Latein hat er noch nach langen Jahren geschrieben und Reden gehalten. Auch machte er Fortschritte in der Musik.

Nun fügte es der liebe Gott, daß Mühlenberg, nachdem er Zellerfelde im Herbst des Jahres 1734 verlassen hatte, nach einiger Zeit, die er in Einbeck eifrig und fleißig verwandte, die im Jahre 1735 eröffnete und bald berühmte Universität Göttingen, die in südlicher Richtung nicht sehr ferne von Einbeck liegt, am 19. März 1735 bezog. Dazu hatte ihn der gute Wille und die Empfehlung seiner Lehrer beim Rat seiner Vaterstadt verholfen, und seine liebe Mutter trug zur ersten Ausrüstung liebevoll bei, was ihre beschränkten Mittel erlaubten.

Das Leben auf einer Universität, wo so viele junge Leute bei einander und nur allzuviel sich selbst überlassen sind, bringt manche Gefahren. Mancher junger Mann wird da im Leichtsinn zu allerlei Bösem verleitet. Die Gefahr trat auch dem jungen Mühlenberg nahe. Aber der liebe Gott gab ihm helle Augen und ließ ihn den guten, rechten Weg erkennen. Er gab ihm da aber auch tüchtige, ernste, gottselige Männer zu Lehrern. Unter denen behielt Mühlenberg besonders einen, den gelehrten und frommen Oporinus, Lehrer der Theologie, in dankbarem Gedächtnis. Unter dem Unterricht

dieses Mannes wurde Mühlenberg erst so recht in die Erkenntnis
der Sündhaftigkeit und des Verderbens des Menschenherzens und
der Notwendigkeit der Erneuerung durch den Geist Gottes geführt.
Er erfuhr jetzt kräftig die Macht der Wirkung des Wortes Gottes an
sich selbst. Es war auch eine gnädige Fügung Gottes, daß er bald
mit einigen Mitstudierenden aus seiner Vaterstadt bekannt wurde, die
in den Lehranstalten des berühmten Waisenhauses zu Halle auf

Francke's Waisenhaus zu Halle.

den Weg der Gottseligkeit waren geleitet worden und nun auch ihrem
Freunde Mühlenberg zur Förderung im geistlichen, von dem Leichtsinn
der Weltkinder abgekehrten Leben dienten.

Zum besondern Segen ist es Mühlenberg geworden, daß ihn der
treue Lehrer, Professor Oporinus, als seinen Privatsekretär in sein
Haus aufnahm, wo er denn in täglichem Umgang mit diesem braven
Mann sehr viel an Erkenntnis und der einem rechten Christen not=

wendigen Lebensweisheit gewann. Auch andere, zum Teil hoch= gestellte Gönner erwiesen ihm Aufmerksamkeit und Vertrauen. Der Umgang mit solchen Leuten dient auch dazu, einen jungen Mann zu lehren, wie er sich im gesellschaftlichen Leben zu benehmen und zu verhalten hat. Und um so besser, wenn sie selbst gottesfürchtige Leute sind.

Noch eines besonderen Umstandes ist hier zu gedenken. In je= ner Zeit war es mit dem öffentlichen Schulwesen noch nicht bestellt wie heutzutage, wo jedem Kind der Zugang zur Schule unentgelt= lich freisteht. Damals gab es Kinder genug, die in gar keine Schule gingen, weil sie das Schulgeld nicht bezahlen konnten. Solche Kin= der gab es auch in der Stadt Göttingen. Da machten sich Mühlenberg und zwei andere Studenten der Theologie daran, mieteten eine Stube und gaben den armen, unwissenden Kindern in Nebenstunden Unterricht. Das thaten sie aus Liebe zu den Kindern. Das galt nun aber manchen zu Göttingen als eine bedenkliche Neuerung. Die Landesregierung jedoch sah darin nichts Bedenkliches und verlangte nur, daß die Lehrer der Gottesgelehrsamkeit, die „theologische Fakul= tät,“ Aufsicht über die Schule führen sollte. Das gab den Studen= ten Gelegenheit, sich im Unterrichtgeben gehörig zu üben. Aus der Armenschule Mühlenbergs ist nach und nach ein Waisenhaus entstan= den. Und dieses besteht noch in Göttingen. Der Herr hat gesagt: „Wer ein solches Kind aufnimmt in meinem Namen, der nimmt mich auf“ (Luk. 9, 48).

Im Frühjahr 1738 hatte Mühlenberg seine Universitätszeit zu Ende gebracht. Er hatte auch die Erlernung des Englischen noch begon= nen. Mit recht guten Zeugnissen versehen zog er von Göttingen ab. Jetzt trat aber die Frage vor ihn: Wohin nun? Die Lernzeit war nun vorbei, obwohl man das ganze Leben hindurch zu lernen hat. Aber wann die Jugendjahre vorbei sind, dann gilt's, einen Beruf zu ergreifen und zu beweisen, daß man in den Schul= und Lernjahren etwas Rechtes gelernt hat, das man jetzt in Anwendung bringen soll.

II.

Inspektor in Halle 1738

und

Pastor in Großhennersdorf

(1739–41).

—

ls Heinrich Melchior Mühlenberg Göttingen verließ, war er etwa 27 Jahre alt. Jetzt galt es, eine Stelle zu finden, wo er sich nützlich machen konnte.

Er machte nun die merkwürdige Erfahrung, daß wir in unserem Lebensgang Wege viel mehr geführt werden, als wir sie selber wählen. Ein hoher Gönner, Graf Erdmann Henckel, zu Pöltzig, der auf den jungen Mann war aufmerksam gemacht worden, hatte ihn an Herrn Dr. G. A. Francke, Direktor der großen Waisenanstalt zu Halle, empfohlen. Dort kam er im Mai 1738 an und trat in eine Lehrerstelle ein.

Die Waisenanstalt zu Halle hat eine sehr merkwürdige Geschichte, in der man die Spuren der göttlichen Vorsehung recht deutlich wahrnehmen kann. Der Vater des oben genannten G. A. Francke, Dr. August Hermann Francke, hatte dieselbe etwas mehr als vierzig Jahre vor Mühlenbergs Ankunft in Halle gegründet. Er hatte ein paar Thaler für wohlthätige Zwecke von jemand empfangen. Im Vertrauen auf Gott machte er damit den Anfang. Der Anfang war klein, der Fortgang dieses Werkes der Barmherzigkeit war groß und reich gesegnet. Es flossen so viele milde Gaben in die Hand Dr. Francke's, daß es nach und nach zum Bau großer Gebäude kam, in welchen im Laufe der Jahre Tausende von armen, verlassenen Waisen

Dr. August Hermann Francke.

genährt, gekleidet, unterrichtet und erzogen wurden. Mit der Zeit
kamen auch noch andere, höhere Lehranstalten hinzu, in denen
Hebräisch, Latein, Griechisch, höhere Mathematik und anderes gelehrt
wurde. Auch eine Bibelanstalt wurde dabei gestiftet, und eine
große Apotheke war im Gang, aus welcher berühmte Präparate
hervorgingen, deren Verkauf viel zur Erhaltung der Waisenkinder bei=
trug und welche in die entferntesten Gegenden der Erde, auch nach
Amerika, versandt wurden. Mit mancherlei Veränderungen, wie die
Zeit das mit sich brachte, bestehen diese Anstalten noch.

In einer solchen Anstalt, wo so viele Hunderte von Kindern wa=
ren, sind viele Lehrer notwendig. Ein solcher Lehrer war nun
dort auch Mühlenberg. Anfangs hatte er zur Probe, ob er auch
wisse, mit den Kleinsten umzugehen, diese zu unterrichten. Nach eini=
gen Wochen schon wurden ihm höhere Klassen anvertraut. Auch hatte
er acht Knaben auf ihrer Stube zu überwachen. Bald darauf wurde
ihm der Unterricht im Hebräischen, Griechischen und in der Religion
mit gereifteren Schülern übergeben und zugleich Aufsicht über eine
Abteilung der Kranken. Das veranlaßte ihn, sich auch manche
ärztliche Kenntnisse zu erwerben, was ihm in späteren Jahren sehr zu
gut kam. Er hatte nun auch den Amtstitel Inspektor.

Nun aber wollten ihn Freunde in Göttingen veranlassen, in
diese Stadt zurückzukehren, um dort die von ihm gegründete Armen=
kinderschule, die einen guten Fortgang hatte und angewachsen war,
ganz zu übernehmen. Er war wohl nicht ohne innere Lust, dorthin
zu gehen, aber ein Freund im Waisenhaus gab ihm einen Wink, daß
die Herren Vorsteher desselben damit umgingen, ihn als Missionar
nach Ostindien zu schicken. Denn auch andere Lehrer waren aus
dem Waisenhause als Missionare dorthin abgegangen. Das war
auch in der That die Absicht der Herren Vorsteher, welche Mühlen=
berg gerne seine „hochwürdigen Väter" nannte. Aber — „Der
Mensch denkt's und Gott lenkt's." Es fehlten damals die Mittel
zur Absendung Mühlenbergs in das ferne Bengalen, im südlichen

Asien. Gerade jetzt aber kam im Juli 1739 ein bringender Ruf, daß Mühlenberg ohne Verzug eine Stelle als zweiter Pastor in Groß = hennersdorf, im südlichen Sachsen, nahe der Grenze von Böh = men, annehmen solle. Er zauderte. Aber der Ruf kam wieder und bringender und wurde dann auch angenommen. Nun begab sich Mühlenberg nach der sächsischen Universität Leipzig, ließ sich als Theologe examinieren, und empfing die Ordination, die Einweihung zu seinem Amte.

Er hatte in Großhennersdorf schon einen Besuch gemacht, zog nun aber hin und fand Arbeit genug. Denn neben seinem Pfarr = amt fand er auch dort ein Waisenhaus, mit welchem eine höhere Schule verbunden war, und ebenso ein Witwenhaus. Er hatte die Oberaufsicht über die ganze Anstalt, und eine adelige Dame, Frau von Gersdorf, sorgte in frommem Sinne für deren äußere Be = dürfnisse. Noch eine andere Anstalt nahm Mühlenberg in Anspruch, eine Zufluchtsstätte für Lutheraner, die in Böhmen um ihres Glaubens willen waren verfolgt worden. Er lernte so viel Böhmisch, daß er bei der Feier des heiligen Abendmahls diesen Leuten das Nötigste in ihrer Landessprache sagen konnte. Einen Ruf an eine Predigerstelle zu Görlitz, der an ihn kam, schlug er aus.

III.

Der Ruf nach Amerika.

—

Am 6. September 1741 traf Mühlenberg, veranlaßt zu einer Reise durch die Verhältnisse der Frau von Gers= dorf, in Halle ein. Er war abends zu Tische bei Dr. G. A. Francke. Dieser fragte ihn, ob er, wenn auch zunächst nur auf einige Jahre, einen Ruf „zu den zerstreuten Lutheranern in Pennsylva= nien" annehmen würde. Ohne langes Zaudern sagte Mühlenberg, „er würde gehen, wenn es der Wille Gottes sei." Dieser Augenblick entschied über sein Leben und seine Lebensarbeit.

Die Sache hatte diesen Zusammenhang: In **Pennsylvanien** waren Deutsche eingewandert seit dem Jahre 1683. Darunter waren wohl von Anfang immerhin einige Lutheraner. Zahl= reicher kamen diese vom Jahre 1700 an. Aber sie waren nicht im Stande, Gemeinden zu bilden. Anders war es mit den Schweden, die ihre lutherischen Gemeinden am Delaware und Umgegend schon seit 1637 hatten und von ihren Pastoren bedient wurden. Den Deutschen, die in Pennsylvanien, später in Philadelphia und anderen Punkten des östlichen Pennsylvaniens sich immer zahlreicher ansiedel= ten, predigten bisweilen die schwedischen Pastoren, die Deutsch verstan= den. Auch ein deutscher Pastor, Gerhard Henkel, der etwa 1717 hierherkam, reiste umher unter ihnen in der Zerstreuung und predigte da und dort, taufte die Kinder, feierte mit den Erwachsenen das heilige Abendmahl und unterrichtete wohl auch die Jugend. Er verlor aber nach kurzer Zeit auf einer solchen Reise sein Leben durch einen Sturz vom Pferde. Im Jahre 1732 war ein Johann

Christian Schulze, und von 1733 an ein junger Mann, den Schulze ordiniert hatte, Johann Kaspar Stöver, lange Jahre in Pennsylvanien im Predigtamt thätig. Etwa um jene Zeit hatten nun an drei Orten, in Philadelphia, Neu-Providence (Trappe) und Neu-Hannover, die Lutheraner sich verständigt und vereint an Dr. Francke in Halle Bittschriften gesandt, sie doch mit einem würdigen Pastor zu versehen.

Diese Bittschrift war nach Halle gekommen. Aber es hatte sich niemand gefunden, der zum Zweck tauglich schien, bis H. M. Mühlenberg kam. Als er sich willig erklärte, schrieb Francke sofort an seinen Freund, den Prediger an der deutschen Hofkapelle St. James zu London, Dr. Friedrich Michael Ziegenhagen, der an den zerstreuten Deutsch-Lutheranern in Amerika auch, wie an allem Missionswerk, einen warmen Anteil nahm. Er erhielt dessen volle Zustimmung. Mühlenberg aber hatte indessen sich zu Großhennersdorf verabschiedet, wo man ihn sehr ungern gehen ließ. Er verließ den Ort am 17. Dezember 1741 und kam über Dresden und Leipzig nach Halle. Von hier zog er am 4. Februar 1742 ab und kam am 17. Februar über Göttingen nach Eimbeck, wo ihm der Abschied von seiner betagten Mutter, von Geschwistern und Freunden, sehr schwer wurde. Es war in der That ein Scheiden auf Nichtwiedersehen auf Erden. Eine Reise nach Amerika war ohnehin damals ein ganz anderes Unternehmen als heutzutage und gar keine Spazierfahrt.

Mühlenberg nahm nun seinen Weg über Hannover und Osnabrück, wurde an verschiedenen Orten von Freunden mit viel Liebe aufgenommen, machte interessante neue Bekanntschaften und kam über Holland am 17. April bei Hofprediger Ziegenhagen in London an, bezog am nächsten Tage sein eigenes Logis, wurde mit Pastoren der deutschen Gemeinden der großen Stadt, auch mit dem berühmten Gelehrten Joh. David Michaelis und anderen, bekannt, und gewann viel für sein Herz und für sein künftiges amtliches Leben durch den Umgang mit Ziegenhagen.

IV.

Die Reise nach Georgien und Pennsylvanien.

———

Es geschah nun, nach dem Wunsche der beiden väter=
lichen Freunde, Francke und Ziegenhagen, daß
Mühlenberg von London aus nicht direkt nach
Philadelphia reisete. Er sollte vorerst nach dem
Süden, nach Savannah, in der Provinz Geor=
gien, segeln, um die 24 Meilen westlich von der
Stadt gelegene Kolonie der lutherischen Salz=
burger, die dort seit 1735 gegründet war, zu be=
suchen. In dem herrlichen Gebirgsland Salz=
burg in Oesterreich, an der Südgrenze Bayerns gelegen, hatten sich
nämlich seit der Reformationszeit viele lutherisch=gläubige Christen
zwischen den Katholiken stille erhalten. Sie hatte ihre Bibel, Kate=
chismen und Gesangbücher und erbauten sich daraus unter einander.
Nun begann aber der Salzburger Bischof Firmian, ein intoleranter
Mann, um das Jahr 1731 diese ruhigen, wohlgesitteten Bürger des
Ländchens Salzburg zu verfolgen und zu quälen mit Hilfe der katho=
lischen weltlichen Obrigkeit und trieb sie von ihrem Besitz und in die
Fremde. Viele wurden vom damaligen König von Preußen aufge=
nommen. Hunderte der andern kamen durch allerlei Hilfleistung nach
Georgien und gründeten jene Kolonie **Eben=Ezer**, hatten auch zwei
Pastoren, welche früher im Waisenhaus zu Halle als Lehrer gedient
hatten, J. M. Boltzius und J. Gronau. Dort sollte Mühlen=
berg Besuch machen, sich vom Stand der Dinge Einsicht verschaffen
und nach Halle berichten.

Das Schiff, mit welchem Mühlenberg am 13. Juni 1742 von
Gravesend (östlich von London) nach Charleston, S. C., abfuhr, war

ein alter Zweimaster. Es trug, um der damaligen Seeräuberei willen, zehn Kanonen und bot durchaus keine Bequemlichkeit. Mühlenberg litt während der 160 Tage der Überfahrt furchtbar durch die Seekrankheit. Er that aber, was er konnte, um auf die gemischte

Pastor Joh. Martin Bolzius in Eben-Ezer, Georgien.

Schiffsgesellschaft in christlichem Sinn einzuwirken, genoß mehr und mehr allgemeine Achtung und wurde besonders einer Familie von Salzburgern und deren Kindern zum Segen. Zu den Leiden der langen Reise gehörte besonders auch der Mangel an Trinkwasser, ber so groß war, daß die Ratten aus Essigflaschen die Korke nagten, ihre Schwänze hineinsteckten und sie ableckten. Etliche Regenschauer wurden als die größte Wohlthat erkannt. Nicht zu vergessen ist, daß Mühlenberg auf dieser Reise über das Meer seine erste Übung im Englischpredigen hatte.

Die Salzburger Kirche in Eben=Ezer, Georgien.

Endlich, am 23. September 1742, trat Mühlenberg auf amerikanische Erde in der Stadt Charleston in Süd=Carolina. Er fand hier ein Paar deutsche Familien, die ihm klagten, daß sie hier keinen öffentlichen Gottesdienst in ihrer Muttersprache haben. Am folgenden Tage ging er auf eine Schaluppe, die nach Savannah segelte. Das kleine Schiff landete an verschiedenen Punkten der Küste, was Mühlenberg Anlaß gab, mit den Anwohnern bekannt zu werden und da und dort ein gutes Wort anzubringen; er erfuhr von ihnen auch manche Freundlichkeit. Am 2. Oktober landete er in Savannah. Sobald man davon in Eben=Ezer hörte, kam Pastor Gronau nach Savannah, Mühlenberg zu begrüßen. Dieser wurde in Eben=Ezer mit großer Freude aufgenommen. Er über= brachte dorthin eine wertvolle Gabe eines Freundes in Deutschland, silberne, schwer vergoldete Gefäße zum Gebrauch beim hl. Abend= mahl. Sie sind dort noch vorhanden.

An allem, was Mühlenberg dort sah, nahm er lebhaften An= teil. Die Salzburger Kolonisten hatten unter großen Schwierig= keiten und durch ausdauernden Fleiß vieles zu Stande gebracht. An zwei Orten wurde öffentlicher Gottesdienst gehalten. Ein Waisen= haus war errichtet, Schulen waren im Gange. Mühlenberg hatte Aufforderung, den Salzburgern mehrmals das Brot des Lebens zu brechen, und es war schmerzliche Bewegung unter ihnen, als er am 11. Oktober von ihnen schied, um über Savannah und Charleston die Fahrt zur See nach Pennsylvanien anzutreten.

Bis nach Charleston war Mühlenberg von Pastor Boltzius be= gleitet, der von da nach Eben=Ezer auf dem Landweg umkehrte. Mühlenberg, der auf Gelegenheit nach Philadelphia zu gelangen warten mußte, wurde im Hause eines freundlich gesinnten Schweizers aufgenommen und hatte Anlaß, mit den Deutschredenden in der Stadt mehrmals Gottesdienst zu halten.

V.

Die Ankunft in Philadelphia.

—

Endlich, am 12. November, betrat er ein kleines, einmastiges, offenes Schifflein und kam nach einer äußerst stürmischen und beschwerlichen Reise am 25. **November** in **Philadelphia** an.

Da stand er nun im fremden Lande zunächst ganz a l l e i n. Und doch nicht allein. Er wußte, daß Gott der Herr ihn bisher wunderbar geleitet, bewahrt, gesegnet und hierher gesandt hatte. Er war nicht aufs Ungewisse gelaufen. An diesen seinen G o t t hielt er sich, verließ sich auf Ihn von ganzem Herzen und wußte, Gott werde es wohl machen. Er stand jetzt im 31. Lebensjahre und brachte auch einen kräftigen Leib und Mut und Freudigkeit zur Arbeit mit nach der Neuen Welt.

Nun hatte er freilich einen in guter Ordnung ausgestellten R u f an die deutschen evangelisch-lutherischen Gemeinden in **Philadelphia, Neu-Providence** und **Neu-Hannover** vom Doktor und Hofprediger Ziegenhagen in London empfangen. Aber wer wußte von ihm oder kannte ihn an diesen Orten? Und mit diesen Gemeinden stand es damals ohnehin bedenklich.

Wir wissen, daß dieselben schon vor einer Reihe von Jahren nach Halle geschrieben und um einen treuen Prediger und Seelsorger mit einander gebetet hatten. Aber keiner war in der langen Zeit gekommen. Dagegen hatten andere sich um diese Gemeinden beworben.

Da war der Graf von Zinzendorf, der Stifter der Herrnhuter
oder Mährischen Brüder, im Jahre 1741 nach Pennsylvanien
gekommen. Er war in der lutherischen Kirche eigentlich gar nicht mehr
zu Hause, aber nannte sich doch hier lutherisch, wollte ein Aufsichts=
recht über alle lutherischen Gemeinden hier beanspruchen und hatte die
Lutheraner in Philadelphia dazu bekommen, daß sie ihn als ihren
Pastor anerkannten. Er selbst diente ihnen aber nicht lange, sondern
stellte einen seiner Freunde an seinen Platz. Nun merkten die Leute
jedoch bald, daß es nicht mehr lutherisch im Gottesdienst und sonst
hergehe, und daß Zinzendorf die Leute eben zu seinem besonderen
Herrnhut'schen Wesen bringen wolle. Darüber entstand Unruhe und
Unordnung. Die Gemeinde spaltete sich. Ein Teil ging mit Zinzen=
dorf, ein anderer aber ließ sich von einem unwürdigen Manne, der
schon bei Jahren war und auch als lutherischer Pastor auftrat, eine
Zeit lang verleiten. Derselbe Mann hatte auch in Neu=Hannover
und andern im Land gelegenen Gemeinden sich Eingang zu verschaffen
gewußt. An rechten lutherischen Pastoren fehlte es eben ganz und
gar. In Philadelphia wollte aber auch Zinzendorf immer noch als
lutherischer Pastor gelten, und hielt die Kirchenbücher der lutherischen
Gemeinde und die heiligen Gefäße für Taufe und Abendmahl in Be=
schlag.

So standen die Sachen, als Mühlenberg vor 150 Jahren ankam.
Er fand einen Mann in Philadelphia, der eine Zeit lang in Eben=
Ezer gelebt hatte, jetzt aber zu den Anhängern Zinzendorfs gehörte.
Bei ihm legte er zunächst seine Sachen nieder. Dagegen wurde er
auch bekannt mit einem Mann aus Neu=Hannover, Philipp
Brandt, und mit diesem machte er sich am Abend des Tages seiner
Ankunft auf den Weg. Mit Lebensgefahr setzte er zu Pferd am
folgenden Tag über den hoch angeschwollenen Perkiomenfluß und kam
endlich nach Neu=Hannover, 36 Meilen von Philadelphia. Er wurde
freundlich aufgenommen, hatte sich aber schwer erkältet und litt an
Fieber. Indessen hatten die Leute in der Gegend schon wieder neben

jenem älteren Mann, **Val. Kraft**, einen andern, Namens **Schmidt**, der sich damit abgab, kranke Zähne auszuziehen, für sich predigen lassen. Der war nun doch so klug, zurückzutreten, und auch Kraft war bald entkräftet, obwohl er sich anfangs sehr unklug anstellte, als sei Mühlenberg unter seiner Protektion. Dafür bedankte dieser sich höflich, aber entschieden, legte den Vorstehern der Gemeinde seinen förmlichen Beruf und sonstige Zeugnisse vor, und wurde von der Gemeinde sofort als ihr Pastor anerkannt. Dazu trug sein ganzes Wesen, sein Auftreten, seine Predigtweise das Meiste bei. Die Leute merkten wohl, daß er vom rechten Schrot und Korn war. So ging es auch in **Neu-Providence** (Trappe). Und um die Christtage wurde Mühlenberg auch in **Philadelphia** von den deutschen Lutheranern, die in einem elenden Bauwerk ihre Gottesdienste hielten, als ihr rechtmäßiger Pastor anerkannt. Der alte Kraft verschwindet sofort in dieser Gegend von der Bildfläche. Und auch Zinzendorf, der noch mit Mühlenberg eine ernste Zusammenkunft gehabt hatte und der lutherischen Gemeinde ihr Eigentum herausgeben mußte, zog am 1. Januar 1743 von Philadelphia und bald darauf von Amerika ab auf Nichtwiedersehen. Mit den Pastoren der schwedischen lutherischen Gemeinden aber stand Mühlenberg in freundschaftlichem Verhältnis.

So hatte sich für Mühlenberg in wenigen Wochen nach seiner Ankunft in Pennsylvanien vieles in wünschenswerter Weise entschieden. Am Anfang des Jahres 1743 stand er nun da als wohlbestellter Pastor von d r e i Gemeinden, die freilich etwa 36 Meilen auseinander lagen. Aber es war, als wäre der hinderliche Schutt abgeräumt und die Bauarbeit konnte beginnen. Ernstlich griff Mühlenberg sie an. Schon am 6. Januar begann er den S c h u l unterricht mit der Jugend in Neu-Providence. Der Besuch des Gottesdienstes nahm unter seinem Predigen zu. Freilich diente dazu bisher nur eine Scheune. Aber ein rüstiger Mann weckt Rüstigkeit auch in andern, und so packte die Glieder der Gemeinde ein munterer, williger Geist, und sie begannen den Bau einer K i r c h e, und zwar

nicht von Holz, sondern von Stein. Und sie bauten so gut, daß
das Kirchlein noch heute dort steht, ein ehrwürdiges Denkmal jener
Zeit. Nahe dabei steht ein größerer, für die Gemeinde notwendig
gewordener Kirchbau. Für jene Zeit war das Kirchlein ein bedeuten=
des Unternehmen. Mühlenberg aber gab sich Mühe mit dem bisher
ganz vernachläßigten Unterricht der Jugend, und hatte Jungen von
19 und 20 Jahren vor sich, denen er das A B C beizubringen suchte.
Auch der Gemeindegesang war ganz verloren; er suchte auch ihn wie=

Die alte Augustus=Kirche in Neu=Providence (Trappe).

der zu heben. Und wie in Neu=Providence, so that er auch in dem
etliche Meilen weiter oben im Land gelegenen Neu=Hannover.
Da hatten sie damals ein Holzkirchlein. Jetzt machten sie sich daran,
ein Schulhaus zu errichten. Mühlenbergs eigene Wohnung war dort
anfangs nicht viel größer als ein Stubenkasten oder als „des Dio=
genes Faß.‟ Das machte ihm aber keine Sorgen. Er freute sich,
daß er Erfolg und Segen bei seiner Arbeit sah. Dabei stieg er mehr
und mehr in der Achtung aller gutgesinnten Leute. Er machte sich

möglichst mit den Gliedern seiner Gemeinde im einzelnen bekannt und
sah darauf, daß sie e'n würdiges Leben führten in aller Gottseligkeit
und Ehrbarkeit, wie es Christen gebührt. So bediente er denn diese
zwei Gemeinden und war bald bei der einen, bald bei der anderen.
In Neu-Providence stritten sich ein Paar Familien, welche von beiden
ihn beherbergen dürfe. Er schlichtete den Streit, indem er auch dabei
abwechselte.

Aber nun wollten die deutschen Lutheraner in Philadelphia
ihren Pfarrer auch haben. Sie ließen ihn durch zwei ihrer Kirchenräte vom Lande holen. Indessen waren zwei Kisten mit guten, er-
baulichen Schriften und mit Arzeneien aus Halle für ihn angelangt.
Die wurde er hier und im Lande bald los. Aber gar bald regte sich
auch in der Philadelphia Gemeinde der Wunsch, nun auch eine eigene
Kirche zu besitzen. Schon vor Ostern des Jahres 1743 waren mehr
als 200 Pfund unterschrieben. Drei jener Pfunde betrugen acht
Dollars heutigen Geldes. Und bald war der Bauplatz und Kirchhof
an der Fünften und Cherry Straße angekauft. Indessen hatten die
schwedischen Glaubensbrüder Mühlenberg gestattet, seinen deutschen
Landsleuten in ihrer Kirche zu predigen.

Es läßt sich denken, daß der Dienst in drei weit auseinander gelegenen Gemeinden sehr beschwerlich und in mancher Hinsicht auch
nicht genügend sein konnte. Aber in den Jahren 1743 und 1744 war
dies das allein Mögliche. In die Länge konnte Mühlenberg selbst es
nicht ertragen. Straßen, Brücken über oft wilde Wasser, Fahrge-
legenheiten, wie wir sie haben, gab es damals nicht. Bequemlich-
keiten im häuslichen Leben, wie wir sie genießen, fanden sich für
Mühlenberg auch nicht. Auf dem Pferde, oft der Hitze und der Kälte,
Schnee und Regen und Stürmen ausgesetzt, hatte er manche Krank-
heitsanfälle, und wurde er in kurzem aufgerieben, so war den Gemeinden wieder nicht geholfen.

Aber woher sollte Hilfe kommen? In Pennsylvanien und
weit und breit im Lande fand sie sich nicht. Wohl gaben sich leider

allerlei Subjekte, die man anderswo auch nicht brauchen konnte, für
Prediger aus und betrogen je und je die Gemeinden, die da und dort
zerstreut zu finden waren.   Aber Mühlenberg ließ sich mit ihnen nicht
ein, sondern that sein Bestes, Gemeinden, die ihn befragten, vor
solchen falschen Propheten zu warnen.   Für ihn aber wurde die Not

Die alte Schweden-Kirche, Gloria Dei, in Philadelphia.

seiner Lage immer schwieriger.   Denn auch Leute, die weit über seinen
Gemeinden draußen wohnten, machten gar bald Ansprüche an ihn.
Schon im Februar 1743 wurde er von Neu-Providence aus mehr als
sechs Meilen weit zu einer Kranken gerufen, die sogar als Glied der
Providence Gemeinde gelten wollte.   Von Philadelphia aus wollten

die deutschen Lutheraner in Germantown seine Dienste. Und sie hatten schon eine Kirche, die sie nach etlichen Jahren vergrößerten. Aber daß er sie regelmäßig als Pastor bediene, das war nicht denkbar. Im Sommer 1743 wurde seine Aufmerksamkeit auf das westlich von Reading liegende Tulpehocken und die dortige lutherische Gemeinde gelenkt. Dort hatte seit lange viele Unordnung stattgefunden, und außer andern hatte Graf Zinzendorf dazu auch dort das Seinige durch sein Eingreifen beigetragen.

Mühlenberg fand bei seinem Besuch daselbst drei Parteien: eine Herrnhut'sche, welche eine seit Jahren vorhandene Kirche, die Rendskirche, beanspruchte; eine zweite, die sich an den von uns schon genannten J. K. Stöver hielt und auch an den alten Val. Kraft, und eine dritte, die gerade predigerlos war. Ihr empfahl Mühlenberg einen vor kurzem aus Deutschland angelangten Pastor, Tobias Wagner, der dann auch hier, später in der Gegend von Reading, auch in Lancaster, Germantown und anderen Orten, Dienste leistete, aber Zufriedenheit weder gab noch genoß, und im Jahre 1759 wieder nach Deutschland zurückkehrte. Nach und nach kamen die Parteiungen in Tulpehocken unter Mühlenbergs Einfluß doch zu einem Ende.

Im selben Jahre 1743 wandten sich Gemeinden im jetzigen Hunterdon County, N. J., die aus längst dort angesiedelten Lutheranern aus Holland und Deutschland bestanden und, wohnhaft an den oberen Wassern des Raritanflusses, oft Raritan-Gemeinden genannt wurden, an Mühlenberg. Nach langen Schwierigkeiten waren sie endlich einen ihnen von Hamburg aus zugesandten Pastor — er hieß Wolf — der allerdings die Lammesnatur nicht hatte, losgeworden und befanden sich in sehr hilfloser Lage. Mühlenberg, der nach Tulpehocken einen Weg von etwa 50 Meilen, großenteils durch den Urwald, an den Raritan von Philadelphia aus etwa 70 Meilen zu reisen hatte, hat sich nach besten Kräften auch dieser Verlassenen angenommen.

Aber wie wollte er alle diese und andere an ihn immer häufiger kommende Anforderungen befriedigen? Schon gegen das Jahr 1750 hin wohnten in Pennsylvanien zwischen dem oberen Delaware und der Maryland Grenze, beim jetzigen Adams County, wenigstens 30,000 deutsche Lutheraner. Immer mehr wurde Mühlenbergs Name unter ihnen bekannt. Immer dringender wurden die Anfragen und Bitten um seinen Dienst als Prediger oder um tüchtige Pastoren durch seine Vermittlung. Er stand auf einem großen, reichen Erfolg versprechenden Missionsfelde. Aber wo waren die Arbeiter?

VI.

Mehr Arbeiter aus Halle.

Daß Arbeiter, fromme, fleißige, eifrige Pastoren auf diesem Felde unumgänglich notwendig waren, das war klar genug. Leute, wie Wolf, Wagner, Stöver, der auch zu wenig geistlichen Sinn hatte, konnten keine Arbeits- und Amtsgenossen sein, mit denen Mühlenberg sich enger zusammen schloß. Er wandte sich darum mit dringenden Bitten an Dr. Francke und andere „ehrwürdige Väter" in Halle, ihm doch Mitarbeiter der rechten Art hierher senden zu wollen. Natürlich schilderte er dabei die Lage der Dinge, die Verhältnisse und Zustände, in denen die Lutheraner in dieser Neuen Welt sich damals befanden, und er mit ihnen. Diese seine Schilderungen wurden in Halle so merkwürdig gefunden, daß die ehrw. Väter das

Wichtigste daraus abdrucken und in Heften unter gutgesinnten Leuten
in ganz Deutschland verbreiten ließen. Das Lesen dieser Berichte
aus Pennsylvanien, die von Mühlenberg und seinen Mitarbeitern an
vierzig Jahre lang von Zeit zu Zeit weiter geführt wurden, bewegte

Das Waisenhaus in Halle (Hofansicht).

viele Seelen, daß sie reichliche milde Beiträge für die Förderung des
Missionswerkes unter den deutschen Lutheranern in Pennsylvanien
nach Halle sandten. Aus diesen Mitteilungen sind in sechzehn Fort=
setzungen die **Halle Nachrichten** entstanden, die im Jahre 1787 wieder
zusammen als ein großes Werk erschienen und jetzt eben n e u aufge=

legt werden. Sie sind die Hauptquelle für die Geschichte der lutherischen Kirche dieses Landes während des vorigen Jahrhunderts.

Mühlenbergs Bitten fanden in Halle Gehör. Am 26. Januar 1745 hatte er die Freude, drei ihm von dorther zugesandte Arbeiter in Philadelphia begrüßen zu dürfen, nämlich den ordinierten Pastor **Peter Brunnholtz** und die zwei Kandidaten des Predigtamtes, **Joh. Nikol. Kurtz** und **Joh. Helfrich Schaum.** Zunächst nun trat Brunnholtz an die Seite Mühlenbergs als Mitarbeiter in dessen Gemeinden. Nicht lange nachher übernahm er, da er für die Strapazen des Reitens auf den weiten, schwierigen Wegen körperlich nicht geeignet war, die Gemeinde zu Philadelphia, die durch steigende Einwanderung sich vergrößerte. Mühlenberg zog es vor, bei den Landgemeinden zu bleiben. Schaum war anfänglich als Lehrer in der Gemeindeschule zu Philadelphia thätig, half aber auch mit Predigen hier und in Germantown. Kurtz begann seine Thätigkeit in dem neuerbauten Schulhaus zu Neu-Hannover (Falkner Swamp). Im Jahre 1746 wirkte er in der lutherischen Gemeinde und auch in den Gemeinden Allemängel, Saccum und Upper Milford, in der Gegend zwischen dem jetzigen Allentown und Easton. Schon im vorherigen Jahre hatte er die Raritan-Gemeinden in New Jersey besucht. Im Dezember 1746 aber zog er nach Tulpehocken, wo nun auch die Christuskirche, westlich von Rendskirche, stand, der Friede wieder hergestellt wurde und er dort und in Nord-Kiel (Bernville) 23 Jahre im Segen wirkte; unter ihm wurde auch 1750 eine dritte Kirche (die Eckirche) im Tulpehocken Distrikt erbaut.

Hier trat Mühlenberg am 22. April 1745 in die Ehe mit Anna Maria, Tochter des wohlbekannten **J. Conrad Weiser,** Friedensrichter und amtlicher Dolmetscher zwischen der Pennsylvanischen Regierung und den Indianern. Mühlenbergs Wohnort war nun Neu-Providence bis zum Jahre 1761. Aber seine Thätigkeit konnte unmöglich nur auf das Gebiet seiner Gemeinden in jener Gegend beschränkt bleiben. Er sah weit umher ein großes Missionsfeld und hielt sich für verpflichtet, Handreichung den zerstreuten Glaubensgenossen zu bieten, soweit er konnte.

Außer jenen Gemeinden im Osten am Raritanflusse, die er im Jahre 1745 wieder besuchte, waren andere in westlicher und südwestlicher Richtung, die ihn in Anspruch nahmen. Unter diesen war die zu Lancaster, als Stadt gegründet 1730. Da hatte sich im Laufe der Jahre eine lutherische Gemeinde gebildet. Nun waren aber beim Mangel rechter lutherischer Pastoren allerlei untaugliche Leute eingeschlichen. Unter ihnen auch der Herrnhuter Nyberg, ein Sendling Zinzendorfs. Durch ihn entstand daselbst großer Zwist. Schon im Jahre 1745 hatte Mühlenberg mit Brunnholtz dort Besuch gemacht. Er ging wieder hin Ende April 1746, und Nyberg mußte sofort den Lutherischen ihre Kirche überlassen und stiftete mit seinem Anhang eine Herrnhuter Gemeinde. Mühlenberg aber folgte der Bitte der lutherischen Gemeinde zu York, jenseits des Susquehanna, und besuchte auch sie. Es war für solche Gemeinden eine große Aufmunterung, daß ein Mann von seinem Charakter und Einfluß ihnen Teilnahme zeigte, sie besuchte, in ihren Kirchen predigte, Kinder taufte, das heilige Abendmahl mit ihnen hielt und manches bei ihnen in Ordnung brachte. Schade war es, daß er nur immer kurze Zeit bei ihnen sein konnte. Hätte er an vielen Orten zumal bleiben können, da wäre vieles besser gegangen.

Es lag Mühlenberg sehr an, für die predigerlosen Gemeinden Männer zu gewinnen, die fähig waren, das heilige Amt in ihnen recht zu führen. Darum war er froh, als im Jahr 1748, am 5. April, wieder ein Sendbote aus Halle kam, **Johann Friedrich Handschuh**, der gegen Ende Mai schon einem Ruf nach Lancaster folgte und als Pastor sein Amt dort antrat.

VII.

Die erste Synode.

—

un waren doch drei ordinierte Pastoren da, die einmütig wirkten und nebst ihren Gemeinden das Ganze der lutherischen Kirche im Auge hatten. Sie verfaßten daher eine Gottesdienstordnung, mit Benützung guter, alter Kirchengebete und Formularien für kirchliche Handlungen, damit in den verschiedenen Gemeinden möglichste Gleichartigkeit sich finde und alle Pastoren sich darnach richten konnten. Ein Gesangbuch waren sie noch nicht im stande den Gemeinden zu geben. Es wurde aber das gute alte Marburgische vielfach benützt. Am 14. und 15. August 1748 fand die erste Synodalversammlung in Philadelphia statt. Dabei wurde die nun vollendete **St. Michaelis-Kirche** eingeweiht und J. Nik. Kurtz ordiniert. Anwesend waren auch zwei schwedische Pastoren, Näsmann und Sandin. Delegaten verschiedener Gemeinden waren erschienen, und von nun an ist die Rede von den „Vereinigten Lutherischen Gemeinden." Die Grundlage für sie und die Pastoren war das Wort Gottes nach dem in den Erkenntnißschriften der lutherischen Kirche niedergelegten Verständnis desselben. Das war der Anfang der alten Synode von Pennsylvanien und angrenzenden Staaten, aus der seither so manche andere Synoden hervorgegangen sind.

Schon im Jahre 1747, im Juni, finden wir Mühlenberg wieder auf einer Missionsreise über Lancaster und York bis in das Gebiet von Maryland. Lehrer J. J. Löser von der Neu-Hannover Gemeinde, der von 1748 an der Lancaster Gemeinde 41 Jahre lang redlich diente, eine gutgesinnte, treue Seele, war sein Begleiter. Sie kamen bis zum jetzigen Frederick in Maryland. Auch in dieser Gegend hatte jener Nyberg störend lutherische Gemeinden beeinflußt und Zertrennung gestiftet. Überall hielt Mühlenberg Gottesdienst

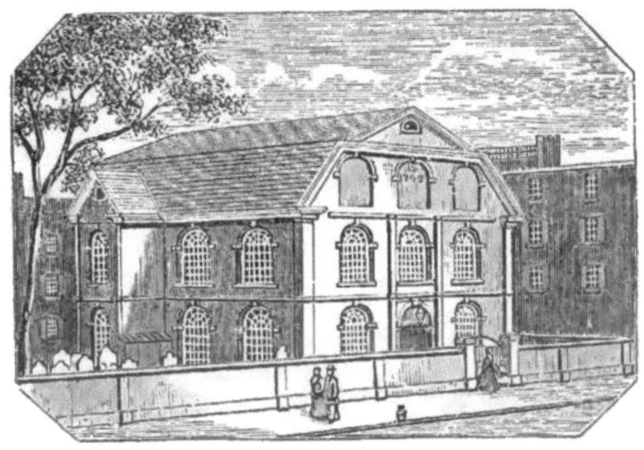

Die alte St. Michaelis-Kirche in Philadelphia.

mit den Lutheranern und wußte manche Wirren und Verstimmungen zu lösen. Im Juli über Tulpehocken zurückgekommen, zog er schon im August wieder aus, um nordwärts und ostwärts die Gemeinden zu Saccum und in anderen Ortschaften zu besuchen. Er drang vor bis gegen die Blauen Berge, zog sich aber ein heftiges Fieber zu. Bei abermaligem Besuch jener Gegend im Februar 1748 kam er in große Lebensgefahr. Im Mai desselben Jahres trat J. H. Schaum das Amt in York an. Es lag Mühlenberg sehr an, junge Männer, die etwas Vorbildung gewonnen hatten, für den Pastoraldienst brauchbar zu machen.

So nahm er sich eines jungen Mannes, Joh. Albert Weygand, an, der im Herbst 1748 bei ihm in Providence vorsprach. Er hatte in Deutschland Latein und Griechisch gelernt, hatte die Universität Halle besucht und war auch Lehrer in den Waisenhausanstalten gewesen. Mühlenberg ließ sich seinen Lebenslauf von ihm erzählen und merkte recht wohl, daß der Fremdling die Wahrheit redete. Er faßte ein Herze zu ihm, nahm ihn in sein Haus, ließ ihn beim Familiengottesdienst beten und in der Gemeinde der Jugend Unterricht erteilen. Im November sandte er ihn in die Raritan-Gemeinden, die Mühlenberg schon als ihren geistlichen Vater ansahen. Weygand hielt sich dort wacker, predigte, taufte Kinder, und als Mühlenberg im Herbst 1749 Besuch daselbst machte, fand er dreißig junge Leute, die Weygand für die Konfirmation vorbereitet hatte, die Mühlenberg nun konfirmierte und mit ihnen und der Gemeinde das heilige Abendmahl feierte. Weygand wurde im Dezember 1750 ordiniert in seinem Arbeitsfeld in Gegenwart von Brunnholtz, Handschuh, Hartwig, Pastor in Gemeinden am Hudsonfluß, Kurtz und Schaum, der bei der Synodalversammlung zu Providence am 17. Juni 1750 war ordiniert worden. Weygand wirkte in den Raritan-Gemeinden bis 1753.

Ein anderer junger Mann, Ludolf G. Schrenck, kam im Februar 1749 nach Philadelphia, wurde von Brunnholtz freundlich aufgenommen, und nachher ebenso von Mühlenberg in Providence, der dort sechs Monate lang für ihn sorgte, und ihn, da er auf der Universität Erlangen studiert hatte, in seiner theologischen Erkenntnis förderte. Er hoffte Gutes von ihm. Er gab ihm Gelegenheit, sich im Predigen und Katechisieren zu üben, und setzte ihn in den Gemeinden Saccum, Upper Milford und in der Umgegend als seinen Adjunkten ein. Er machte sich nützlich, und die Synode gestattete im Herbst 1752 seine Ordination. Im folgenden Jahre wurde er an Weygands Stelle zu den Raritan-Gemeinden berufen, verließ dieselben aber plötzlich 1756 unter leidigen, dort entstandenen Wirren. Er hat sich auch gegen Mühlenberg nachher sehr undankbar bewiesen.

Noch eines Dritten müssen wir gedenken, welchen Mühlenberg ebenfalls in den Dienst der Kirche einleitete, Lukas Raus, aus einer Predigerfamilie in Siebenbürgen, in Oesterreich. Er hatte seine Vorbildung in Schulen seines Heimatlandes und in Ungarn gewonnen. Der Vater war gestorben, als Lukas noch nicht zehn Jahre alt war. Die Mutter verlor er, während er als Student sich auf der Universität Jena befand. Nach Oesterreich umzukehren, wo damals die Kaiserin Maria Theresia die Evangelischen auf allerlei Weise bedrückte, wollte er auch nicht, und so ging er nach Holland, wo sich nichts für ihn fand. Ein Kapitän nahm ihn im Herbst 1749 mit nach Pennsylvanien, konnte ihn hier aber an irgend jemand verkaufen, um sich für die Überfahrtskosten bezahlt zu machen. Mühlenberg, Brunnholtz und Herr Keppele, ein treues Glied der lutherischen deutschen Gemeinde zu Philadelphia, kauften ihn aus Mitleiden vom Schiffe los und Brunnholtz nahm ihn in sein Haus auf, wo er sich's bequem machte und seinem Gastfreund unbequem. Denn er war sehr reizbar, leicht beleidigt, mißtrauisch und in seinen Reden unter den Leuten sehr unvorsichtig. Mühlenberg, der in dem jungen Mann doch brauchbare Eigenschaften zu entdecken glaubte, und die Liebe übte, die alles duldet, glaubt und hofft, nahm auch ihn auf in sein Haus zu Providence. Da er schon theologische Bildung gewonnen hatte, ließ er ihn unter den Lutheranern in benachbartem Gebiet, in Alt-Goschenhoppen, Indianfield und Tohikon predigen, sandte ihn im Oktober 1750 zu den Gemeinden des schon genannten, einstweilen in Pennsylvanien weilenden Pastors Hartwig, von wo Raus im folgenden Frühjahr wieder in jene Gemeinden in Pennsylvanien zurückkehrte und im November 1752 mit Weygand „aus Not der Umstände" ordiniert wurde. Im folgenden Jahre trat er in die Ehe — die Hochzeit wurde in Mühlenbergs Hause gehalten — und durch Mühlenbergs Vermittlung erhielt er 1754 einen Ruf nach York, wo Schaum resigniert hatte, aber ein bedeutendes Arbeitsfeld offen stand. Nun aber offenbarte Raus erst seine mißtrauische Gesinnung, ließ seinen Unwillen los, daß man ihn nur „an die Grenzen des Landes" versetzen wolle, gab den Ruf an Mühlenberg zurück, zog aber 1753 plötzlich, ohne Mühlenberg ein Wort wissen zu lassen, nach York in die noch predigerlose Gemeinde, diente ihr mehrere Jahre, nahm aber gegen Mühlenberg und andere Synodalglieder eine gehässige Stellung ein, brach seine Verbindung mit der Synode, bald nachher auch die mit seiner Gemeinde ab, soll Medizin praktiziert haben, starb 1788, ist aber der Stammvater eines höchst ehrenwerten und hochgeachteten Geschlechtes geworden.

Solche Erfahrungen machte Mühlenberg bei seinen wohlgemeinten Bemühungen, Arbeiter für das weite, um ihn her sich ausbreitende Arbeitsfeld zu gewinnen. Ihm selbst öffneten sich noch Thore in der eigenen Nachbarschaft. In Providence und Umgegend hatten sich längst auch englische Familien angesiedelt, die zum Teil aus Rhode Island, wo Roger Williams sein Providence gegründet hatte, hierher sollen gezogen sein. Ihnen zulieb hielt Mühlenberg nun an Sonntag Nachmittagen Gottesdienst.

VIII.

In New York.

———

Kaum hatte Mühlenberg erwartet, mit einem weit abgelegenen Gebiet in Verbindung gebracht zu werden. Wir haben schon einen Pastor **J. Chr. Hartwig** genannt. Er wurde geboren 1714, war Theologe, kam durch einen ordentlichen Beruf im Jahre 1746 an deutsche Gemeinden am Hudson in der Provinz New York. Mit Mühlenberg und seinen Mitarbeitern stand er in freundschaftlichen Beziehungen, war aber nach und nach mit seinen Gemeinden zerfallen, und namentlich auch mit dem zwar rechtgläubigen und aller Ehren werten, aber gegen die von Halle kommenden Pastoren, zu denen Hartwig zählte, mit Widerwillen erfüllten Pastor **Wilhelm Berkenmeyer.** Dieser war einem Ruf nach Amerika im Jahre 1725 gefolgt und hatte viele Jahre die holländische lutherische, schon seit 1653 bestehende Gemeinde zu New York und die ebenfalls alte Gemeinde zu Albany bedient und als Reiseprediger sich auch um manche deutsche Gemeinde am Hudson und Umgegend verdient gemacht. New York hatte er mit Newburg 1731 an Pastor W. Chr. Knoll abgegeben, und bediente bis zu seinem Tode, 1751, noch Loonenburg (Athens) und Albany. Ihm war nun Hartwigs gutes Einverständnis mit Mühlenberg und den andern Hallensern ganz zuwider. Hartwig aber, der zwar in seinem Wandel durchaus würdig war, aber im Amt durch sein eigentümliches und oft scharfes, ungerechtes und willkürliches Wesen seinen Gemeinden Anstoß gab, wobei Berkenmeyer Öl in's Feuer goß, wandte sich an Mühlenberg. So kam es, daß Mühlenberg aufgefordert wurde, im Sommer 1750 in den Gemeinden Camp, Rhinebeck und anderen am oberen Hudson, Besuch zu machen, in der Absicht, jenes Gebiet, das viele Lutheraner umschloß, die namentlich aus der Pfalz seit 1710 dort angesiedelt waren, kennen zu lernen und auch den Versuch zu machen, für Hartwig in seinen Gemeinden besseren Willen zu wecken.

Zu einem vortrefflichen Reisebegleiter hatte er seinen Schwiegervater, Conrad Weiser, der in amtlichen Angelegenheiten Albany besuchen mußte. Am 16. August 1750 zogen beide ab von Providence, kamen über Bethlehem und die Gebirge in die Gegend von Delaware Water Gap, begegneten Indianern und einem Bären, hatten rauhe Kost und Nachtlager, und kamen am 23. August über den Hudsonfluß nach Rhinebeck, wo Hartwig als alter Junggeselle wohnte. Weiser zog nach Albany. Mühlenberg fand es schwer genug, in den Gemeinden zu Gunsten Hartwigs zu wirken, den Berkenmeyer mit seinem Schwiegersohn, Nik. Sommer, Pastor in Schoharie, und mit Pastor Knoll als einen „Herrenhuter" einfach als abgesetzt vom Amt erklärt hatten. Doch kam es zu dem Verständnis, daß Hartwig eine Zeit lang in Pennsylvanien bleiben, Mühlenberg aber einen Stellvertreter hersenden sollte. Dies war der Anlaß, der Raus in diese Gemeinden brachte. Mühlenberg hielt in denselben an verschieden.n Punkten Gottesdienste, schenkte sein altes Reitpferd, das ihn in diese Gegenden getragen, einem armen Manne und er und Hartwig segelten von Kingston aus 90 Meilen den Hudson hinab nach New York. Hartwig hielt eine englische Schiffspredigt.

Mühlenberg nennt New York eine „alte, berühmte Stadt." Ihm war sie mit ihrer herrlichen Lage am weiten Seehafen und großen Fluß so nahe dem Meere jedenfalls sehr merkwürdig. Er ahnte wohl, daß daraus mit der Zeit etwas Großes, Mächtiges

werden müsse. Was er unter den Lutheranern fand, war freilich nicht
ermunternd. Da war die nahezu einhundert Jahre alte holländische
lutherische Gemeinde und ihre Kirche. Sie war seit dem Jahre 1750
predigerlos, weil Pastor Knoll, der ohnehin wenig gewirkt hatte, sie
und auch die Hackensack holländisch lutherische Gemeinde im be=
nachbarten New Jersey verlassen hatte. Zwar gab es immer noch Leute,
die Holländisch verstanden. Aber die Jugend war im Englischen zu
Hause und lief in andere Kirchen. Doch hatte die Gemeinde ihren
Bestand und ihre Beamten. Nun sammelten sich aber immer mehr
und mehr deutsche Lutheraner in der Stadt und wollten Gottesdienst
in ihrer Sprache. Sie pochten bei den Holländern an, und man ge=
stattete ihnen auch je und je deutsche Gottesdienste, aber selbst mit
deutschem Gottesdienst jeden andern Sonntag waren sie nicht zu=
frieden, separierten sich im Jahr 1745, kauften mit Schulden ein
Brauhaus und verwandelten es in eine Kirche, ließen sich anfangs von
einem Betrüger verleiten, wählten, als er bald ausgespielt hatte,
einen Pastor, Joh. Fr. Rieß, der 1749 aus Deutschland an=
gelangt war und nun das Amt unter ihnen führte, als Mühlenberg
New York besuchte. Geistliches Leben war leider wenig unter ihnen,
und manche, die tieferes Bedürfnis fühlten und vom Wandel christ=
licher Gemeindeglieder mehr forderten, hielten sich lieber an die alte
Gemeinde. Nun wäre die deutsche Gemeinde gerne in eine Vereini=
gung mit der holländischen eingegangen, wenn diese die großen Schul=
den jener auf sich genommen hätte. Natürlich hatte diese dazu keine
Lust und die Gemeinden blieben noch Jahrzehnte geschieden.

So standen die Dinge beim ersten Besuch Mühlenbergs in New
York. Gerne hätte er die beiden Gemeinden vereinigt gesehen.
Zum Predigen in seiner Gemeinde forderte ihn auch Rieß auf. Müh=
lenberg that es nicht, weil Rieß sich von einer unzufriedenen Partei
hatte zum Pastor wählen lassen, während der rechtmäßige Pastor
Knoll noch im Amte stand. Mit hervorragenden Gliedern der anderen
Gemeinde kam er in nähere Beziehung, hatte auch mit Berkenmeyer,

der damals ebenfalls nach New York kam, eine befriedigende Zusam=
menkunft und predigte mit der Zustimmung Berkenmeyers, der immer
noch Ansehen in der Gemeinde genoß, am folgenden Sonntag in der
holländisch lutherischen Kirche vormittags Deutsch, nachmittags Englisch.

Am 1. Oktober, den folgenden Montag, verließ er die Stadt
mit Hartwig, machte Besuch bei Weygand in den Raritan=Gemeinden
und traf am 7. Oktober wieder bei seiner Familie in Providence ein.
Oft klagt er selbst, daß er zu viel in der Ferne, zu wenig bei den
Seinigen sei. Aber seine Gattin, die ihm durch 42 Jahre bis an
sein Ende eine treue Genossin seiner Freuden und Leiden war, wußte
seinen Beruf und die Aufgabe seines Lebens zu würdigen und trug
mit ergebenem Sinn manches Schwere, das die Umstände mit sich
brachten.

Unter den Gliedern der holländischen lutherischen Ge=
meinde zu New York hatte Mühlenberg Eindrücke hinterlassen, die
ihre Nachwirkung hatten. Schon am 8. November 1750 erklärte ihm ein
von neun Gliedern der Gemeinde unterzeichnetes Schreiben, daß diesel=
ben ohne Pastor zu Grunde gehen müssen, daß sie eines Mannes bedür=
fen, der wie eine Henne ihre Küchlein unter ihre Flügel, so die zerstreuten
Gemeindeglieder wieder um sich sammeln könne und durch den die
Gemeinde wieder aufgebaut würde, und daß sie überzeugt seien, daß
dazu niemand besser tauge, als er selbst. Sehr vorsichtig und be=
scheiden antwortet Mühlenberg am 3. Dezember und fügt bei, daß er
sein jetziges Arbeitsfeld nicht preisgeben und ohnehin ohne Ge=
nehmigung der hochwürdigen Väter in Europa nicht verlassen dürfe.
Aber man kann fühlen, daß ihm doch das neue Arbeitsfeld manches
Anziehende bot. Und wirklich kam ein vom 1. Februar 1751 datierter
förmlicher Beruf an ihn durch den Kirchenrat der Gemeinde. Eine
Pastoral=Konferenz wurde sofort in Tulpehocken gehalten und man
kam darin überein, daß Mühlenberg die Verbindung mit seinen bis=
herigen Gemeinden nicht aufgeben, aber für etwa sechs Monate nach
New York ziehen möge. Er nahm nach einer Inspektionstour in die
Gegend von Saccum 2c. anfangs Mai unter großer Bewegung der

Gemeindeglieder Abschied von Neu=Hannover und Providence und zog, begleitet von Hartwig, am 14. Mai von Philadelphia gen New York, wo er am 19. anlangte, als Präsident der Synode Raus nach Pennsylvanien zurückbeorderte und schon am 26. Mai predigte er in der holländisch=lutherischen Kirche morgens in Englisch, nachmittags — zum ersten Male in seinem Leben — in Holländisch. So war er also im Stande, das Evangelium in drei Sprachen zu verkündigen.

Und nun war er auf diesem neuen Arbeitsfelde in rüstiger Thätigkeit. Er stellte sich nach damaliger Gewohnheit dem Ober=richter der Provinz vor, der meinte, daß das Deutsche in wenigen Jahren in der Stadt aussterben werde; besuchte die Pastoren anderer kirchlichen Gemeinschaften, auch Glieder seiner Gemeinde, die jenseits des Hudson, am Long Island Sound und an anderen Orten ent=fernt wohnten. Er besuchte auch Hackensack, etwa 18 Meilen von New York in New Jersey, wo seit etwa 50 Jahren auch eine hol=ländische lutherische Gemeinde bestand, predigte mehrmals daselbst und sah, daß da bei vielen ein großes Verlangen nach echt evange=lischer Verkündigung des Wortes Gottes sich fand. Unter Mühlen=bergs Predigen wurde ein Mann so in seinem Geiste bewegt, daß er drei Meilen nach Hause zu Fuße ging, ehe ihm einfiel, daß er sein Reitpferd hatte bei der Kirche stehen lassen. Es gelang Mühlenberg auch, in manchen jungen Leuten wieder ein neues Interesse an ihrer lutherischen Mutterkirche und Gemeinde zu wecken, die schon starke Neigung zeigten, sich anderswo einzufügen. Auch den einzelnen, namentlich betagten und kranken Leuten, ging er manche Meile weit nach und erquickte sie mit geistlichem Zuspruch und Gebet. Wir wundern uns nicht, daß die Ältesten und Vorsteher auch dieser Gemeinde ihn gar gerne als ihren Pastor gehabt hätten und ihm einen förmlichen Ruf ausstellten. Sie glaubten, er könne sie recht wohl zusammen mit New York versorgen. Da war noch eine andere deutsche Gemeinde, Remmerspach genannt, etwa 18 Meilen weiter oben im Lande. Auch ihr schenkte Mühlenberg so viel Auf=merksamkeit als die Umstände es erlaubten.

IX.

Zurück nach Pennsylvanien.

———

och Ende August drangen Briefe aus Pennsyl=
vanien auf seine Rückkehr in sein dortiges
Arbeitsfeld. Er war nur an drei Monate
dagewesen und ließ sich von Weygand aus
den Raritan=Gemeinden ablösen, wenig=
stens auf sechs Wochen, so daß der Gottes=
dienst doch noch so lange regelmäßig fortge=
setzt wurde.

Und hier mögen wir melden, daß er,
ba ihm die Synode sechs Monate zum Aufenthalt in New York,
Hackensack und Umgegend gestattet hatte, im folgenden Jahre, 1752,
wieder drei Monate lang dort hin zog und seine Arbeit zu großer Er=
munterung der Gemeinden fortsetzte. Er hielt dabei auch Katechi=
sationen in der Kirche, nicht etwa nur mit den Kindern, sondern auch
mit den Erwachsenen. In New York kam er auch in Beziehung zu
einem Neger=Dienstmädchen, die für das Gute, was sie von ihm
hörte und von ihm sah, sich gar dankbar erwies. •Auch schon lange
zuvor, im Jahre 1745, hatte er einige Neger=Sklaven eines bei Pro=
vidence wohnenden Mannes unterrichtet, sie öffentlich ihr Bekenntnis
von Christus ablegen lassen und sie getauft. Es wurde ihm und
noch mehr den Gemeinden in New York und in Hackensack, die nun
schon ihn hatten kennen gelernt, ihn achteten und liebten, schwer zu
scheiden. Sein Nachfolger an diesen Orten wurde Weygand von den
Raritan=Gemeinden, der nun eine geraume Zeit in den New York
und Hackensack lutherischen Gemeinden des heiligen Amtes pflegte.

Aber die Lutheraner in Pennsylvanien waren nicht in der Lage,

Mühlenberg in die Länge damals entbehren zu können. Es kamen zwar im Jahre 1751, am 1. Dezember, wieder zwei Sendboten aus Halle—**Johann Dietrich Heintzelmann**, der im Kirchen= und Schul=Dienste in Philadelphia sich sehr nützlich machte, und **Friedrich Schultz**, der anfangs an Gemeinden nicht sehr fern von Mühlenberg, kurze Zeit auch in den Raritan=Gemeinden, wirkte, aber dann sich viel mit ärztlicher Kunst und andern weltlichen Dingen einließ, zuletzt aber um 1772 wieder als Prediger in Nova Scotia auftritt. Aber niemand war da, der Mühlenberg eigentlich hätte ersetzen können. Brunnholtz zu Philadelphia war oft kränklich und taugte auch um anderer Ursachen willen nicht, an die Spitze zu treten. Handschuh kam in Schwierigkeiten, von denen wir hören werden. J. Nik. Kurtz in Tulpehocken hatte Arbeit und Mühe genug in seinem Gebiete und machte durch den Ausbruch der Kriege mit den Franzosen und die von den damals wütend gewordenen Indianern verübten barbarischen Roheiten nach der Mitte des vorigen Jahrhunderts sehr schwere Zeiten durch. Schaum war lange schwer leidend in York. Die anderen jüngeren Kräfte bedurften selbst noch gar sehr der Aufsicht und Anweisung. Freilich war nun in den etwa zwölf Jahren seit Mühlenbergs Ankunft Manches und Bedeutendes erzielt und sein Wirkungskreis dehnte sich auch durch Korrespondenz noch weiter und weiter aus. Aber ebendarum wurde ihm die Arbeit nicht leicht gemacht und eben jetzt kamen noch recht schwere Stunden und Tage.

Besonders das Schicksal Handschuhs brachte ihm viel innere Unruhe und schmerzliche Erfahrungen. Wir wissen, Handschuh hatte den Dienst an den lutherischen Gemeinden in Lancaster angetreten. Nun traten aber große Hemmnisse ein. Er trat in eine Ehe, die zwar an sich nicht unrecht, aber doch nicht passend war. Er heiratete ein Mädchen untergeordneter Lebensstellung, und das gefiel der Gemeinde und besonders den Frauen nicht. Dazu kam, daß er in manchen Dingen eigentümliche Wege ging. Er war herzlich fromm und meinte es sehr gut. Aber er meinte, seine Gemeindeglieder müßten nun in allem gerade auch denken wie er und so strikte sein wie er, nicht tanzen, spielen, und andere gewohnheitsmäßige Dinge ohne Umstände ablegen, weil er sie für unrecht hielt. Das forderte er nun entschieden und predigte so, und in den Dingen verstanden ihn die Leute nicht. Sie waren dazu nicht geistlich genug. So kam es nun, daß nach und nach gegen ihn bei vielen eine große Abneigung, ja ein starker Widerwille, entstand und ihm und seiner Frau das Leben in Lancaster sehr verleideten. Er konnte dort in Segen nicht mehr wirken.

Was war zu thun? Das war die Frage auch für Mühlenberg, der immer, wo eine Not war, raten und thaten sollte. Endlich schien es das beste, Handschuh von Lancaster wegzunehmen und ihn an die Gemeinde in Germantown zu versetzen, welche Brunnholtz bisher von Philadelphia aus besorgt hatte. Es war da eine Kirche und Lutheraner genug. Die Leute waren froh, jetzt regelmäßigen Gottesdienst zu haben. Aber in die Art und die Forderungen Handschuhs, der um Ostern 1750 hier seinen Dienst begann, wollten sie sich auch hier nicht begeben. Handschuh sah vieles, was ihm auch da nicht gefiel. Er suchte zu bessern und war darin wohl ein bißchen zu hastig. Wenn man mit dem Pflug ausfährt, nimmt man nicht gleich den Garbenwagen mit. Es währt oft lange vom Säen bis zum Ernten. Kurzum, bald entstand eben auch da wieder Unzufriedenheit und Unruhe. Es fehlte nicht an solchen, die in Philadelphia und in Germantown die Köpfe zusammensteckten und nicht nur wider Handschuh, sondern überhaupt gegen die aus Halle gekommenen Prediger murrten und sich nicht länger von solchen wollten sagen lassen. Und da fehlt es ja nicht an gottlosen Menschen, die sich sonst um Gottes Wort, Gottesdienst und Kirche gar nicht bekümmern, außer wenn es gegen die Prediger geht oder sonst Krawall gibt. Dann kommen sie herzu und gießen Öl ins Feuer. So ging es auch damals in Germantown. Darunter hatte aber nicht nur Handschuh zu leiden, sondern auch seine Amtsgenossen. Natürlich waren nicht alle Glieder der Gemeinde solcher rohen Art. Aber diese waren doch die Minderzahl und ben andern gelang es nun durch ihre Frechheit, die Gemeinde von Handschuh und der Synode loszureißen, sie aus der Kirche auszutreiben und sich Lehrer aufzuladen, „nach dem ihnen die Ohren jückten." Damit sind sie nun freilich schlecht gefahren. Das war im Jahr 1753. Ihr erster sog. Pastor war ein Trunkenbold zu andern Lastern hin. Er starb am 1. Januar 1754. Der zweite war nicht besser und schnitt sich zuletzt selbst den Hals ab. Nach zehn Jahren trat aber eine Wendung ein und die Gemeinde kam wieder zur Synode zurück und ist seither bei ihr geblieben.

Mühlenberg erzählt uns, wie schwer er unter solchen schmerzlichen Erlebnissen in seinem Gemüte litt. Bedenklich war besonders auch, daß der Geist der Unordnung und Zerrüttung sich auch an andern Orten zu rühren drohte. Doch kam es nicht zum Ausbruch. Auch waren doch immer noch besser gesinnte Seelen da. Auch in Germantown sammelte sich ein kleines Häuflein solcher um Handschuh. Er hielt mit ihnen Gottesdienst in einem Privathaus und hielt auch Schule. Aber sein Auskommen war dabei äußerst gering und der Mangel war oft vor der Thür. Er erkannte es dankbar an, daß ein reformierter Pastor, J. Zübli, ihm nach seiner Gutmütigkeit zwei Fässer Reis aus Charleston, S. C., zusandte. In die Länge ging es aber doch nicht. Im Jahr 1754 fand Handschuh einen neuen Arbeitskreis in Philadelphia selbst, als Lehrer der französischen Sprache und auch an einem deutschen öffentlichen Blatte. Als aber Heintzelmann im Jahr 1756, Brunnholtz 1757 gestorben war, eröffnete sich ihm ein neues Feld in der Philadelphia Gemeinde. Aber Schwierigkeiten blieben ihm auch dort nicht aus. — Auch **Schaum** in York hatte seine Not mit seiner Gemeinde. Er war eine redliche Seele, aber körperlich schwächlich und leidend. Ein Teil seiner Gemeindeglieder ließ eben darum im Jahr 1754 einen eben aus Europa in Maryland angekommenen Kandidaten, J. Sam. Schwerdfeger, den sie erst mit Bezahlung seiner Überfahrt vom Schiffskapitän loskaufen mußten, für sich predigen. Obwohl Schaum viele treue Freunde in der Gemeinde hatte, so zog er doch im Jahr 1755 in das mehr östliche Pennsylvanien nach Tohikon und diente hier und in benachbarten Gemeinden, dann Oley, Pikeland und Umgegend, dann in Weitendahl (Whitehall), Berks Co., und folgte zuletzt einem Ruf an die alte Mo se lle m=Gemeinde, nicht fern von Kutztown. Dort starb er am 26. Januar 1778. In York trat 1758, wie wir wissen, Raus ein. Nach Lancaster aber kam im Jahr 1753, infolge der Bitte der Gemeinde, ein von der Oberkirchenbehörde des (damaligen) Herzogtums Württemberg gesandter Mann, Johann Siegfried Gerok, aus einem bekannten Theologengeschlecht seines engeren Vaterlandes. Er stand mit Mühlenberg und seinen Mitarbeitern in freundschaftlichen Beziehungen und in ihrem Synodalverband. Vom Jahr 1767 bis 1773 diente er an der uns bekannten, nun in besserem Stand befindlichen deutschen lutherischen Gemeinde zu New York, die eben ihre neue Christus=Kirche vollendet hatte, zog dann an die deutsche lutherische Gemeinde nach Baltimore, Md., und starb dort 1787. Sein Nachfolger war hier Daniel, Sohn des J. Nik. Kurtz, zu Tulpehocken, nach Raus' Resignation zu York dessen Nachfolger daselbst.

X.
Hin und her in Pennsylvanien.

———

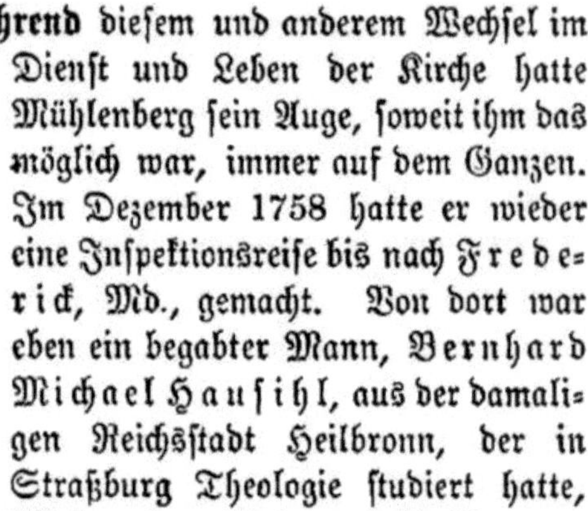

ährend diesem und anderem Wechsel im Dienst und Leben der Kirche hatte Mühlenberg sein Auge, soweit ihm das möglich war, immer auf dem Ganzen. Im Dezember 1758 hatte er wieder eine Inspektionsreise bis nach F r e d e - r i ck, Md., gemacht. Von dort war eben ein begabter Mann, B e r n h a r d M i ch a e l H a u s i h l, aus der damali- gen Reichsstadt Heilbronn, der in Straßburg Theologie studiert hatte, nach sechsjährigem gesegnetem Wirken einem Rufe nach Reading ge- folgt, von wo er 1763 nach Easton, Pa., zog. Zwei Jahre später tritt er in Philadelphia auf. Eine deutsche lutherische Gemeinde da, wie er hoffte, für sich zu bilden, gelang ihm nicht. Er be- diente aber sofort die alte holländische lutherische Gemeinde in New York, stand aber in seiner Politik während des Unabhängigkeitskrieges ganz auf seiten der Englischen, mußte mit den Engländern von New York abziehen und diente zuletzt in Halifax als Missionar der Episko- palkirche.

Für die Raritan=Gemeinden Bedminster, Neu=Germantown und andere, die in jenem Distrikt eine Gruppe bildeten, fühlte Mühlen- berg immer eine besondere Teilnahme. Sie hatten sich in ihrer Not an ihn gewendet, der beschwerliche Weg zu ihnen war ihm nicht zu weit und sie wußten, daß sie seiner Teilnahme viel zu verdanken hatten. Sie hatten drei Kirchen, bildeten aber einen gemeinsamen Pfarrdistrikt. Es war Mühlenberg sehr betrübend, als im Frühjahr 1753 der Sturm

der Zuchtlosigkeit, der über Germantown verwüstend fuhr, seine Wir=
kung selbst bis auf jene Gemeinden ausdehnte und gegen den geordne=
ten, rechten Predigerstand auch dort drohend auftrat. Im Juli
des Jahres machte Mühlenberg dort Besuch und stellte in kurzem die
Ordnung wieder her. Auf ihr dringendes Bitten besuchte er sie im
Jahre 1757 zweimal und predigte zur Freude vieler englisch=redender
Anwohner auch in Englisch. Es war damals zwischen zwei der Ge=
meinden eine Reibung. Mühlenberg hatte bald Frieden unter ihnen
gestiftet und jetzt, er mochte sie noch so sehr vor Schuldenmachen
warnen, waren sie daran, mit einander eine große Kirche zu erbauen.
Dazu steuerten auch die Englischen bei. Als sie aber darauf bestanden,
daß er mit seiner Familie bei ihnen eine Zeit lang bleiben müsse, und er
sie erinnerte, daß ihr jetziges Pfarrhaus dazu offenbar nicht groß genug
sei, bauten sie in vier Monaten ein geräumiges, steinernes Gebäude.
Und nun mußte er kommen; brachte im Sommer 1758 neun Wochen
bei ihnen zu und war so lange ihr Prediger und Seelsorger, unter=
richtete eine Klasse von Konfirmanden und hielt in der neuen, ange=
füllten Kirche zu Bedminster Gottesdienst in Deutsch und Englisch.
Auf dem Rückweg machte er Besuch bei manchen Ansiedlern in den
pennsylvanischen Grenzgebirgen. Er fand da auch Leute, die ihn
früher in den „Vereinigten Gemeinden" gekannt und manches gute
Wort aus seinem Munde bewahrt hatten. S ch a u m hatte indessen
in seinen Gemeinden in Providence u. a. den Dienst gethan,
W i l h e l m, der jüngere Bruder des Johann Nik. K u r t z, in
Tohikon.

Am Montag nach Trinitatis zog Mühlenberg nun mit seiner
ganzen Familie, wie sie damals war, Frau und vier Kinder, in das
neue Pfarrhaus bei den Raritan=Gemeinden. Der älteste Sohn, J.
P e t e r G a b r i e l, später Pfarrer und noch später der wohlbe=
kannte Kriegsmann und General der Vereinigten Staaten Truppen,
war damals 13 Jahre alt. An ihrer Erziehung hatte eine eng=
lische, kinderlose, sehr gebildete Frau viel Anteil gehabt. Drei

andere Kinder blieben in Providence unter der Pflege von W i l h e l m
G r a a f und dessen Gattin, junge aber wohlerzogene und gutgesittete
Leute, die nun in Mühlenbergs Pfarrhaus wohnten. Graaf wurde
von Mühlenberg auch wie andere von ihm aus Mitleiden aufgenom=
men, von ihm nach und nach auf der Grundlage der in Deutschland
zuvor erworbenen Schulkenntnisse zum Prediger ausgebildet und diente
als Lehrer. Er war später bis 1775 Pastor in Hackensack und Rem=
merspach und nachher bis an sein Lebensende, etwa im 80. Jahre,
1809, bei den Raritan=Gemeinden. An jenen beiden Orten predigte
Mühlenberg auch besuchsweise von dem neuen Pfarrhaus aus.

Mit der größten Zuvorkommenheit wurde Mühlenberg und seine
Familie in den Raritan=Gemeinden aufgenommen und behandelt.
Das thut Hochachtung und Liebe. Er machte sich den Leuten wert
und sie ehrten ihn. Gerne wäre er ein Jahr lang bei ihnen geblieben.
Aber Pflichtgefühl führte ihn nach Pennsylvanien zurück, und Ende
September war er mit seiner Familie wieder in Providence unter seinen
Gemeinden, die froh waren, ihn wieder bei sich zu haben.

Noch einmal kam Mühlenberg am 18. Oktober desselben Jahres,
da er seine eigene Gemeinden in guter Versorgung wußte, zu den
Raritan=Gemeinden zurück. Auch seine Gattin war wiederum da mit
fünf Kindern. Von diesen zeigte P e t e r einen entschiedenen Hang
zum Fischen und Jagen. Auch Wilhelm Graaf war da, und auf dem
Ritt nach dem an 30 Meilen entfernten Hackensack war er beim Über=
setzen über den Fluß in wirklicher Lebensgefahr mit Mühlenberg. In
Bedminster traf er auch mit dem jungen J a k o b v a n B u s k i r k,
einer den holländischen lutherischen Gemeinden zu New York und
Hackensack recht wohlbekannten Familie angehörig, zusammen. Wohl
ging auch bei ihm die Anregung, sich dem Predigtamte zu widmen, von
Mühlenberg aus. Weygand hatte ihm vorbereitenden Unterricht er=
teilt. Mühlenberg leitete sein theologisches Studium. Er wirkte,
ordiniert 1763, eine Zeit lang in Neu=Hannover und in Germantown,
von 1769 in M a c u n g i e, Saccum und Umgegend, von 1793 in

Gwynned, Whitpain und Upper Dublin, wurde nach zwei Jahren wieder nach Macungie zurückberufen und starb im Jahre 1800. Mühlenbergs Familie kehrte am 6. Dezember 1759 nach Providence zurück. Nur der Sohn Peter blieb bei seinem Vater, der, nachdem er so lange das Pfarramt mit allen seinen Pflichten in den Raritan-Gemeinden versehen hatte, erst im Juni 1760 heimzog. Sie hatten ihm einen förmlichen Beruf eingehändigt. Im Jahre 1761 aber sandte er ihnen einen Pastor, Paul Daniel Prizelius, der Geburt nach ein Schwede. In Folge von Schwierigkeiten zog er im Jahre 1776 nach England, empfing dort die bischöfliche Ordination und diente später einer deutschen lutherischen Gemeinde in Nova Scotia.

Im Jahre 1760 machte Mühlenberg auch Bekanntschaft mit dem Ehrwürdigen Karl Magnus Wrangel, der im Jahre 1759 als Propst der schwedischen Pastoren und Gemeinden am Delaware war hingesandt worden. Auch mit seinem Vorgänger, dem Ehrw. H. Acrelius, der 1756 wieder nach Schweden zurückberufen wurde und der Verfasser einer „Geschichte von Neu-Schweden" ist, war Mühlenberg im Verhältnis gegenseitiger Hochachtung gestanden. Mit Wrangel, der ihn im August 1760 zu Providence besuchte, verband ihn innige Freundschaft. In ihrem Eifer für ihre Gemeinden, in ihrer Überzeugung waren sie eins. Wrangel war wohl enthusiastischer, Mühlenberg nüchterner und bei aller Wärme gemessener. Beide waren treu und edelen Sinnes. So fanden sie sich leicht zusammen. Wrangel, der auch im Deutschen und Englischen völlig zu Hause war, nahm oft an den Gottesdiensten in der deutschen St. Michaelis-Kirche aktiven Anteil. Wrangel, der wohl wußte, daß seine schwedischen Gemeinden sich von Schweden aus in jener Zeit nicht vergrößerten, daß es ihnen auch bald an englischen lutherischen Pastoren fehlen müsse, die doch unerläßlich würden, wußte nichts anderes, als daß die Schweden-Gemeinden mit der Episkopal-Kirche zusammen zu gehen hatten. Es ist später auch so gekommen. Mühlenberg hatte manche Aufforderung, der Episkopal-Kirche näher zu treten, hütete sich aber davor. In den Jahren 1760 bis 1767 wurde ihm aber sein Freund, Propst Wrangel, unter eigentümlichen Verhältnissen oft zum Ratgeber und Ermunterer. Und als derselbe im Jahre 1768 wieder nach Schweden zurückkehrte, hat er seinen Abgang schmerzlich empfunden.

Nun entstand aber für Mühlenberg, besonders vom Jahre 1761 an, eine neue und schwierige Aufgabe, die ihn jahrelang beschäftigte, die er aber auch zu ihrer glücklichen Lösung führen durfte.

Wir wissen, daß die Gemeinde zu Philadelphia, mit den zwei Landgemeinden Providence und Neu=Hannover, vom Ende des Jahres 1742 bis 1745 unter Mühlenbergs Pflege ausschließlich stand, und daß bald nach der Ankunft des Pastor Brunnholtz dieser die Stadt= gemeinde, Mühlenberg die Landgemeinden übernahm. Mühlenbergs Beruf an die Philadelphia Gemeinde war aber nie von ihm zurückge= fordert worden und er blieb in einem gewissen amtlichen Verhältnis zu ihr. Ohne irgend eine besonders auffallende Störung ging die Ge= meinde ihren Gang weiter. Die St. Michaelis=Kirche wurde erbaut und 1748 eingeweiht. Bei der steigenden Zahl der Glieder mußte man an ihren beiden inneren Langseiten Gallerien erbauen, um für die Zuhörer Raum zu gewinnen. Die Gemeindeschule war unter tüchtigen Lehrern in einem so blühenden Zustande, daß Mühlen= berg bei gelegentlichen Besuchen in Philadelphia sich herzlich darüber freute. Ja, schon um das Jahr 1759 tauchte der Gedanke auf, ein neues, geräumiges Schulhaus zu erbauen. Es wurde am 27. Juli 1762 eingeweiht, hat auch an 110 Jahre der Schule Dienste ge= leistet und dient jetzt (in Cherry Straße östlich der 4. Straße) noch für kommerzielle Zwecke.

Natürlich kamen mit der durch die Einwanderung zeitenweise sehr gesteigerten Zunahme der Gemeinde an Mitgliederzahl allerlei neue Fragen auf. Leider hatte die Gemeinde bisher eine nur höchst lose, ungenügende Verfassung gehabt. Das macht sich in einer Ge= meinde kaum bemerklich, so lange alles seinen richtigen Gang geht und

Störungen nicht vorkommen, oder schwierige Fragen nicht auftauchen. So hatte bisher in der Gemeinde der Pastor die nötigen Ältesten und Vorsteher gewählt. Die Gemeinde hatte nur ein Einspruchs= recht gehabt, von dem die Einzelnen nicht gerne Gebrauch machten. Auch war es so gekommen, daß die Ältesten ihre Plätze behielten, bis sie etwa durch Krankheit unfähig wurden, von Philadelphia hin= wegzogen, oder starben. Das erzeugte nun mit anderem nach und nach denn doch eine steigende Unzufriedenheit.

Als nun im Jahre 1757 Brunnholtz gestorben war, so trat sein Nach= folger, Handschuh, mit allerlei Eigentümlichkeiten hervor, die nicht zum Besten des Ganzen taugten. Er machte mit den Ältesten, die da waren, eine Art von Partei in der Gemeinde und verließ sich auf ihre amtliche Stellung und ihren Einfluß. Er wies in manchem den vorsichtigen Rat Mühlenbergs ab. Als derselbe nach Brunnholtz's Tod vom Rat der Gemeinde nach Philadel= phia erbeten wurde, da ohnehin jetzt schon viele ihn dahin zurück wünschten, und er auch den förmlichen Beruf für Handschuh zu schreiben hatte, und da er nun auch eine jährliche, feststehende Besoldung eintragen wollte, wie das in jedem ordentlichen Berufe ist, so trat dagegen nicht nur ein Ältester auf, sondern auch Handschuh selbst mit den Worten, das sei fleischlich, welt= lich, er sei kein Mietling u. s. f., und Mühlenberg zog sich zurück. Er wußte wohl, daß Handschuh mit seiner Familie Geld so gut wie andere Leute nötig hatte, daß er aber, weil eine fixe Summe nicht festgesetzt war, immer vom guten Willen der Ältesten, die über die Gemeindekasse verfüg= ten, abhängig war. War er ihr Günstling, so entstand Verdacht; war er ihnen zuwider, so mußte er darunter leiden. Kurzum, solche von Hand= schuh freilich wohlgemeinte, aber schwärmerische Dinge stießen den verstän= digen, nüchternen Sinn Mühlenbergs ab. Er wußte, daß das in die Länge nicht gehe und ging nach Hause. Ein paar Jahre lang ließ er sich in Phila= delphia gar nicht sehen.

Es kam aber, wie er es erwartet hatte. Die Unzufriedenheit mit der obwaltenden Willkürherrschaft und dem unnachgiebigen Sinn Handschuhs und der Ältestenpartei wurde immer größer. Müh= lenberg kannte nicht nur die Gemeinde und ihre Elemente durch und durch; er wurde auch, ohnehin als Präsident der Synode, fortwährend

mit Briefen und Boten bestürmt und aufgefordert, dreinzugreifen. Je
mehr in ihn gedrungen wurde von den verschiedensten Seiten, wieder
nach Philadelphia zu ziehen und sich der Gemeinde anzunehmen, desto
vorsichtiger war er. Er meinte es herzlich gut mit Handschuh, an
dessen Wohlmeinen er nie, an dessen praktischem Takt er oft zweifelte,
aber Handschuh nahm guten Rat nicht an. Indessen stieg die Zahl
der Glieder der Gemeinde so, daß im Lauf des Jahres 1762 mehr als
300 Taufen in ihr stattfanden. Leider stieg aber auch das Par-
teigetriebe und die gegenseitige Reizbarkeit. Endlich stimmten die
Ältesten zu, daß Mühlenberg kommen und einmal wieder in der Gemeinde predigen solle. Er that es, und selbst Handschuh war in freu-
digster Stimmung. Nur wechselte Stimmung und Verstimmung bei
ihm zu schnell ab. Aber in der Gemeinde wurde das Verlangen, daß
Mühlenberg wieder nach Philadelphia ziehen müsse, um so
dringender. Als er im folgenden Monat April wieder kam und mit
dem Kirchenrat und acht Delegaten der unzufriedenen Partei Versammlung hielt, und nun diese aufforderte, ihre Beschwerden vorzu-
legen, sagten sie, Mühlenberg müsse nach Philadelphia zurückkehren
und die Gemeinde eine rechte Verfassung erhalten. Auch einige Punkte
dieser berührten sie, namentlich, daß die Ältesten künftig nicht lebens-
lang im Amte stehen und sich nicht selbst ergänzen dürfen. Mühlenberg erschienen diese Forderungen nach dem jetzigen Standpunkt der
Gemeinde ganz verständig. Handschuh sah sie als undenkbar an
und war so unklug, die Sache am folgenden Sonntag auf die Kanzel
zu bringen.

Nun kam es doch dazu, daß der Kirchenrat seine Einwürfe gegen Mühlenbergs Rückkehr in die Stadt aufgab. Bei einer Ge-
meindeversammlung am 4. August 1762 erklärte Mühlenberg, daß er
willig sei, zu kommen, wenn er es ohne Widerspruch von seiten der
Gemeinde und in Hoffnung auf Frieden und Ruhe in ihr thun
könne. Auch Handschuh war friedlich gestimmt und die Ältesten
nachgiebig.

XI.

Wieder in Philadelphia. 1762–1776.

—

So war es nun verstanden, daß Mühlenberg den Dienst in der Philadelphia Gemeinde wieder antrete und eine Gemeindeverfassung ausgearbeitet werde. Der Abschied von seinen Landgemeinden wurde ihm sehr schwer. Am 29. Oktober 1762 traf er mit seiner Gattin in Philadelphia ein.

Hier war seine bleibende Anwesenheit höchst notwendig. Die Reibung unter den Parteien hatte zu lange gedauert, als daß die Nachklänge mit einem Schlage hätten gänzlich verschwinden können. Aber mit seiner Würde und Mäßigung verhütete Mühlenberg manche Ausbrüche. Sein allgemein geachteter Freund, Propst Wrangel, stand ihm dabei mit seinem Einfluß zur Seite. Die Hauptarbeit der neuen Verfassung lag natürlich auf Mühlenbergs Schultern. Sonntag, den 17. Oktober 1762 zeigte er der Gemeinde an, daß mit Beihilfe Wrangels nun Handschuh und er und der Kirchenrat eine Verfassung ausgearbeitet hätten, welche furchtlos vor Gott, der ganzen Christenheit und allen Gemeinden könne vorgelegt werden, denn man habe dabei die Ehre Gottes, das wahre Wohl der Gemeinde, ihre Ordnung und ihren Frieden und ihre Zukunft im Auge gehabt; alles komme darauf an, daß man sich der Gnade und dem Geist Gottes willig hingebe und nur das Wohl der Seelen im Auge behielte. Auch lud er alle zum hl. Abendmahle zugelassenen Gemeindeglieder ein, am morgenden Tage sich in der St. Michaelis-Kirche einzu-

finden und dort ohne Streit und Zank die neue Verfassung ver=
lesen zu hören. Jeder solle betend vor Gott treten und ein friedlich,
ruhig Gemüte mitbringen. Alle frommen Mütter, Witwen und
Waisen sollten ihre Hände zu Gott für die Gemeinde erheben.

So geschah es denn auch. Am Montag wurde zuerst Gottes=
dienst gehalten. Wrangel las Josua, Kap. 24. Man sang dasselbe
Lied, „Befiehl du deine Wege," das bei der Grundstein=
legung der St. Michaelis=Kirche im Jahre 1743 war gesungen wor=
den. Dann sprach Wrangel eindringliche Worte über Phil. 2, 1—4.
Und nun las Mühlenberg, nachdem die Frauen und Kinder entlassen
waren, mit deutlicher, lauter Stimme die ganze Verfassung vor.
Und dann, sagte er, werde er sie unterschreiben und im Notfall, will's
Gott, seine letzte Stunde dransetzen, und wer seines Sinnes sei, solle
also thun. Nun setzte er seinen Namen hin. Dann unterschrieben
Handschuh und die Ältesten und Vorsteher, und dann mehr als 270
Gemeindeglieder; andere, da die Zeit spät wurde, an folgenden Ta=
gen, im Ganzen an 500 Familienväter.

Hätte Mühlenberg nichts zu Wege gebracht, als diese Verfas=
sung, welche in allem Wesentlichen noch heute die Verfassung der ev.=
luth. Muttergemeinde zu Philadelphia ist und die Grundlage der
Verfassung vieler Gemeinden wurde, er hätte unsterbliches Verdienst.
Er gewährte dem Fortschritt der Zeit billige Zugeständnisse, aber er
war weit davon entfernt, den Gang der Gemeinde vom Stimmungs=
wechsel in ihr, von zufälligem Parteigetreibe, abhängig zu machen.
Die Regierung der Gemeinde blieb, aber mit weisen Beschränkungen,
in den Händen des Kirchenrats. Drei Jahre später erhielt die Ge=
meinde einen Freibrief, der die angenommene Verfassung durch die
Provinzial=Regierung von Pennsylvanien garantierte. Mühlenberg
mußte 1762 die Last des Präsidenten=Amtes wieder auf sich nehmen.

Ihm und allen Freunden kirchlicher Ordnung war es eine erfreu=
liche Genugthuung, als im gleichen Jahre nicht weniger als einhun=
dert lutherische Familien in und bei Germantown die Synode um einen

Paſtor und Gottesdienſt baten. Die Gemeinde zu Tulpehocken ge=
ſtattete ihrem Paſtor, J. N. Kurtz, daß er auf einige Zeit in Ger=
mantown dienen möge, während ſein Bruder Wilhelm den Dienſt für
ihn verſah. Das wirkte gut. Doch waren noch manche Fragen juri=
diſcher Art zu erledigen. Zuletzt mußte die Wahl eines Paſtors vor=
genommen werden. Sie entſchied zu Gunſten der ordnungsliebenden,
zur Synode ſtehenden Partei, und gewählt wurde der mit Paſtor
J. A. Krug am 1. April 1764 aus Halle angelangte J. L. Voigt.
Nun war die Kirche wieder im Beſitz wirklicher Lutheraner. Voigt
zog aber ſchon im Dezember des Jahres nach Neu=Hannover, ſpäter
an die Zions=Kirche weſtlich dem Schuylkillfluſſe, wo er wirkte bis an
ſein Ende, am 28. Dezember 1800. Krug trat die von uns ſchon
genannte Gemeinde zu Reading an. Von da folgte er, Oſtern 1771,
einem Ruf nach dem von Mühlenberg ein paarmal beſuchten Fre=
derick, Md. Er wirkte dort bis zu ſeinem Tode, am 30. Mai
1796.

Wir nennen hier ſogleich noch einige andere Sendboten, die im
gleichen Jahrzehnt von Halle hier ankamen und zur Stärkung
der Synode und ihres Einfluſſes und zur Ausbreitung des von Müh=
lenberg begonnenen Werkes beitrugen. Im Jahre 1765 war
Chriſtoph Emanuel Schulze von Halle nach Pennſylvanien ge=
kommen, ein Mann tüchtig als Prediger und als Paſtor. Er war
zuerſt Kollege Mühlenbergs (der ſein Schwiegervater wurde) in Phi=
ladelphia, zog aber im Dezember 1770 nach Tulpehocken. Er war trotz
ſtärkſter Aufforderung nicht mehr zu bewegen, wieder in den Dienſt in
Philadelphia zu treten und ſtarb in ſeinem Wirkungskreis zu Tulpe=
hocken am 9. März 1809. Sein Sohn Joh. Andr. Melchior war
anfangs ebenfalls im Predigtamt, mußte ſich wegen ſchwerer körper=
licher Leiden zurückziehen. Dieſer Enkel Mühlenbergs iſt aber zwei
Mal (1822—1829) noch Gouverneur von Pennſylvanien geworden.
— **Joh. Friedrich Schmidt**, der am 2. April 1769 von Halle an=
kam, war 17 Jahre Paſtor in Germantown und ſtand auch 1777

Paſtor Joh. Fr. Schmidt in Philadelphia, 1786—1812.

daselbst, als Germantown im Unabhängigkeitskrieg ein Schlachtfeld wurde. Er wurde von dort als Kollege seines mit ihm von Europa angekommenen Freundes, **Justus H. Chr. Helmuth,** an die Philadel=phia Gemeinde berufen, in deren Dienst er stand bis an seinen Tod.

Joh. Friedrich Schmidt war den 9. Januar 1746 in einem Dorfe namens Frose, unweit Aschersleben, geboren. Sein Vater, ein Landmann, ließ ihm eine gute Erziehung geben und sandte ihn auf die berühmte Schule des Halle=schen Waisenhauses. Hier lernte er fleißig und bezog 1765 die Universität zu Halle. Zugleich war er auch als Lehrer an dem Waisenhaus thätig. 1768 bekam er einen Ruf nach Amerika. In Wernigerode ordiniert, begab er sich im Oktober 1768 in Hamburg aufs Schiff und langte am 2. April 1769 in Philadelphia an. Er erhielt einen Ruf nach Germantown, wo er 17 Jahre segensreich wirkte. 1785 wurde er als Helfer nach Philadelphia berufen und 1786 als ordentlicher Prediger dieser Gemeinde erwählt. Hier hatte er viel Trübsal zu erdulden. Sieben Kinder starben ihm in der besten Blüte der Jahre schnell hintereinander fort und im Jahre 1793 seine Gattin; er selbst ward zweimal aufs Krankenlager geworfen. Im Jahre 1794 brannte zu seinem höchsten Leidwesen noch dazu die schöne, prächtige Zions=Kirche mitsamt der neuen Orgel ab. — Am 16. Mai 1812 gefiel es dem Herrn, ihn aus diesem Thränenthale abzurufen.

Helmuth hatte zuerst nach seiner Ankunft der Gemeinde zu Lan=caster vorgestanden, war aber im Mai 1779 an die zu Philadelphia berufen worden, an welcher er erst im Jahre 1822 resignierte und 1825 starb. **Johann Christoph Kunze** war von 1770 an nach seiner An=kunft hier bis 1784 zweiter Pastor an der Philadelphia Gemeinde neben seinem Schwiegervater Mühlenberg, der den Titel Rektor hatte, bemühte sich ein theologisches Seminar zu gründen, und wurde darin nur durch die Kriegsunruhen gehemmt, folgte 1784 einem Ruf an die deutsche lutherische Chr.stus=Kirche in New York, die acht Jahre ohne Pastor gewesen war, während die Trinitatis=Kirche der hollän=disch lutherischen Gemeinde verarmt war. Ihm gelang es nun, beide Gemeinden zu vereinigen unter dem Titel: „Vereinigte deutsch=luthe=rische Gemeinden in New York.‟ Nun wurde auch eine Gemeinde=ordnung eingeführt. Dr. J. Ch. Kunze war 1744 bei Mansfeld

geboren, war einige Jahre im Waisenhaus zu Halle, besuch e die
Schulen zu Roßleben und Merseburg und studierte drei Jahre Theologie
in Leipzig. Drei weitere Jahre wirkte er als Lehrer am Kloster

Dr. Johann Christoph Kunze, † 1807 zu New York.

Bergen bei Magdeburg und ein Jahr als Inspektor des Waisenhauses
in Greiz, bis ein Ruf aus Amerika durch Dr. Knapp aus Halle an

ihn kam. Kunze war gründlich gelehrt und ungemein thätig, wurde auch zum Professor der orientalischen Sprachen am Columbia College ernannt. Er blieb in seiner Stellung in New York bis an sein Ende, den 24. Juli 1807.

Mit Kunze waren zwei Söhne Mühlenbergs, **Friedrich August Konrad** und **Heinrich Ernst**, aus Halle zurückgekommen. Der älteste, Johann Peter Gabriel, war von Europa schon 1766 umgekehrt. Mühlenberg wußte, daß er selbst in Deutschland eine gründliche, tüchtige Bildung erlangt hatte. Diesen Gewinn wollte er auch seinen Söhnen auf dem Weg des Lebens mitgeben, und die Anstalten zu Halle, die er in ehrendem Gedächtniß behielt, schienen ihm besonders dazu geeignet. Er sandte sie hin 1763. Und einen bedeutenden Nutzen hatten dieselben jedenfalls davon, denn sie wurden alle des Deutschen Meister, hatten auch in andern alten Sprachen guten Grund gelegt. Anfangs waren nun hier alle drei im Dienst der Kirche; aber nur Heinrich Ernst, der auch als Botaniker einen bedeutenden Namen hat, blieb als Pastor der großen Gemeinde zu Lancaster in demselben bis an sein Ableben 1815. Johann Peter Gabriel hatte eine Zeit lang in den ihm längst bekannten Raritan-Gemeinden gewirkt und dann in Virginien, wo er in der Notzeit des Vaterlandes den Kirchenrock mit dem Waffenrock vertauschte. Friedrich August Konrad war eine Zeit lang Adjunkt seines Schwagers, Christop) Emanuel Schulze, zu Tulpehocken, machte von dort eine sehr beschwerliche Missionsreise über die Blauen Berge, war dann von 1773 bis 1776 Pastor der deutschen luth. Gemeinde an der Christus-Kirche (oft Swamp-Kirche genannt) zu New York, mußte vor den Engländern fliehen, diente dann kurze Zeit den Gemeinden zu Neu-Hannover und Umgegend, wurde aber durch die Unruhen der Zeit und die Lage des Vaterlandes in die politischen Kreise gezogen und am 7. November 1781 und wieder am 31. Oktober 1782 zum Sprecher des Hauses erwählt. Zuletzt war er Receiver-General der Land-Office.

XII.

Arbeit in und um Philadelphia.

—

Vater Mühlenberg hatte schon manchen hohen Berg, manches steile Thal überstiegen und hinter sich liegen. Aber immer wieder tauchten neue Höhen auf und gab es neue Schwierigkeiten zu über= winden. Eine solche erstand ihm in der Nähe von Germantown. Etwa zwölf Meilen von Philadelphia liegt, auf einem sandigen Hügel bei White Marsh, die St. Petrus=Kirche. Hier hatte sich, während die Rebellionspartei die Germantown Kirche in Besitz hatte, eine kleine lutherische Gemeinde aus gutgesinnten Leuten gebildet, die nun von Philadelphia aus, so gut es ging, mit Wort und Sakrament versorgt wurden. Glieder von Germantown schlossen sich an, ein Schulhaus wurde erbaut und darin auch Gottesdienst gehalten. Nun machten sich aber 1759 etliche lutherische Anwohner daran, auf dem Barren Hill eine Kirche zu errichten, die unter der Synode und der Philadelphia Gemeinde stehen solle. Sie erwarteten durch Bei= träge von Europa unterstützt zu werden. Dazu hatten sie eigentlich keinen Grund. Einer von ihnen, der besonders beteiligt war, Chr. Raban, kaufte noch ein Stück Grund dazu und ernannte Rich. Peters, Wrangel, Mühlenberg u. a. als Verwaltungsrat. Der Bau der Kirche begann. Aber schon 1761 waren 300 Pfund Schulden darauf. Raban versuchte nach damaliger Sitte sein Glück mit einer Lotterie. Sie brachte nur 50 Pfund. Um 1763 war die Kirche unter Dach, die Schulden aber größer. Wrangel und Mühlenberg predigten dort je und je, und dadurch litt freil ch die Gemeinde des elenden Rapp in Germantown Verlust. Im Februar 1765 verlangte einer der Gläubiger 200 Pfund zurück. Dafür verbürgte sich ein treues altes Glied der Philadelphia Gemeinde, Heinrich Keppele. Noch waren 400 Pfund Schulden da. Als die Kirche in Germantown wieder in die rechten Hände kam, traten manche Glieder von Barren Hill wieder zu ihr zurück und das brachte der Barren Hill Gemeinde neuen Verlust. In ihrer Not wollten Raban und seine Freunde eine Geldsammlung in Europa versuchen. Sie sahen endlich selbst die Nutzlosigkeit dieses Planes ein und drohten, Kirche, Schulhaus und alles an „irgend eine Sekte, sogar an die Papisten," verkaufen zu wollen. In dieser bedenklichen Lage übernahmen Wrangel, Mühlenberg und Keppele die Schuldenlast, jeder ein Dritteil. Um das Ganze zu retten, übertrug man das Grundrecht des ganzen Eigentums auf die Philadelphia Gemeinde, so daß niemand als diese es verkaufen konnte, mußte aber 120 Pfund entlehnen, um einen Gläubiger, Glied der reformierten Kirche, zu befriedigen. Schon drohte ein Prozeß vor dem Schuldgericht, was aber H. Keppele abwendete. Die Hauptlast aber war nicht abgewälzt.

Da erfuhr nun Mühlenberg eine recht wunderbare Hilfe Gottes. Sie konnte um so höher angeschlagen werden, als einem Schuldner, der nicht bezahlen konnte, damals hier der Schuldturm drohte. Da fanden sich durch Verkauf von Medizinen aus der Waisenhaus-Apotheke zu Halle nach Verordnung der hochwürdigen Väter auch 30 Pfund für Barren Hill. Und der gute alte Vater Ziegenhagen von London sandte gar am 4. August 1768 einen Wechsel von 100 Pfund Sterling. Damit ließen sich denn doch einige Mäuler stopfen. Aber das Beste kommt noch. Die Väter in Halle hatten mit einem gottseligen adeligen Manne in Deutschland, dem Grafen Solms - Röbelsheim, gesprochen und der setzte nun überhaupt eine Summe aus zum Wohl der evangelisch - lutherischen Pastoren und Lehrer in Pennsylvanien; außerdem aber bestimmte er eine Summe von 281 Pfund Sterling

besonders dazu, daß Mühlenberg, seine Frau und Kinder von der
Barren Hill Schuld sollten sofort gänzlich losgemacht werden. Wer
war froher als Mühlenberg? Aber mit Dank gegen Gott erkannte er
die Wahrheit des Wortes: Erkennet doch, daß der Herr Seine Heiligen
wunderlich führt! (Pf. 4, 4.) Nun fügen wir noch bei, daß es Müh=
lenberg lange in seinen Gedanken beschäftigte, in Verbindung mit der
St. Petrus=Kirche zu Barren Hill eine Anstalt für Waisen und auch
für alte, arbeitsunfähige Pastoren zu gründen, in der zugleich junge
Männer hätten Gelegenheit zum Unterrich'en finden können und auch
zum Studieren und wären praktisch ins pastorale Fach eingeleitet wor=
den. Das war gewiß ein guter Gedanke. Aber „in des armen
Mannes Beutel geht viel Witz verloren." Die Mittel fehlten.

In der Philadelphia Gemeinde selbst ging um jene Zeit ein
gar großes Werk vor sich. Sie war in dem Bau der Zions=Kirche,
eines für die damaligen Verhältnisse und Zeiten sehr bedeutenden
Unternehmens, begriffen. Natürlich war Mühlenberg selbst dabei gar
sehr beteiligt.

Er hatte indessen seinen Amtsbruder Handschuh verloren.
Unter Mühlenbergs Gebet war derselbe nach längeren Krankheitstagen
früh morgens am 9. Oktober 1764 sanft in die ewige Ruhe eingegan=
gen. Mühlenberg hatte ihn bei seiner Ankunft in Amerika im Jahre
1748 mit den Worten begrüßt: Die mit Thränen säen, werden
mit Freuden ernten! (Pf. 126, 5.) Beides ist an ihm in Er=
füllung gegangen. Er war ein von Herzen gläubiger Mann, von
treuem Wohlmeinen, wenn er auch den freien, durchdringenden und
viel umfassenden Sinn Mühlenbergs nicht hatte. Aufrichtig wurde
er von der Gemeinde und von allen Gliedern der Synode betrauert.
Mühlenberg hat ihm in den Halle Nachrichten, 12. Fortsetzung, VIII,
ein schönes Denkmal gesetzt.

Mühlenberg wäre jetzt allein gestanden in der gar sehr anwachsen=
den Gemeinde. Aber im selben Jahre kam Christ. Em. Schultze
hier an und stand ihm mit seinen schönen Gaben wacker zur Seite.

Nach den Siegen der Engländer über die Franzosen in Canada um 1759, und das Zurückweichen dieser im Westen, und nach dem Ende des Siebenjährigen Krieges nahm die Einwanderung von Deutschland in Pennsylvanien einen neuen Aufschwung, und für die steigende Gliederzahl der Philadelphia Gemeinde reichte die St. Michaelis-Kirche in keiner Weise mehr aus. Sie war bei den Gottesdiensten förmlich überfüllt und der Kirchenrat hatte seine liebe Not, den Leuten Plätze anzuweisen. Daß man nun in St. Michaelis und im Schulhause jeden Sonntag zugleich Gottesdienst hielt, half auch nicht. Im Jahr 1766 fanden sich 127 Konfirmanden ein und bisweilen 400 Abendmahlsgäste. Nun war schon im Jahr 1764 eifrig darüber verhandelt worden, man sollte die St. Michaelis-Kirche umbauen und vergrößern. Man sah bald ein, daß damit nicht geholfen wäre. Man hörte, daß auch andere Gemeinden schöne, große Kirchen erbaut hatten. So die evangelisch-lutherische Gemeinde zu Lancaster, und Mühlenberg hatte deren hohen Bau am 4. Mai 1766 mit der ersten Predigt in ihr eröffnet. Konnte die große Philadelphia Gemeinde nicht auch etwas wagen?

Und sie wagte es. Gegenüber dem Schulhause in Cherry Str., an der Südost-Ecke der 4. Straße, wurde ein Grundstück von 108 bei 70 Fuß angekauft, für 1540 Pa. Pfunde. Aber die Beiträge beliefen sich im Februar 1766 schon auf 1800 Pfund. In Gegenwart der Synode wurde am 11. Juni desselben Jahres der Grundstein zur **Zions-Kirche** gelegt. Im gleichen Jahre erhoben sich die Mauern bis unter das Dach. Im folgenden Jahre wurden die drei Längengewölbe eingesetzt, die auf Pfeilern ruhend den Bau von Nord nach Süd deckten. Ein Turm war auf der Ostseite beabsichtigt, wurde nach 22 Jahren über das hohe Dach emporgeführt, aber nie vollendet. Der ganze Bau galt lange für das größte und schönste Gotteshaus in Amerika. Er diente während eines vollen Jahrhunderts tausendmale zur Sammlung und Erbauung der Gemeinde. Eingeweiht wurde er am 25. Juni 1769. Damals war noch keine Orgel und waren keine

Kirchenstühle darin. In der Nacht vom 26. auf den 27. Dezember 1794 brannte das ganze Innere aus und das Dach wurde zerstört. Beim Wiederaufbau wurde nur ein großes Längengewölbe angebracht.

Als die Kirche zum ersten Male eingeweiht wurde, lag eine Schuldenlast von mehr denn 8000 Pfund auf der Gemeinde. Aber der Zusammenhalt der Glieder um Mühlenberg und seine Mitarbeiter war so stark und die Liebe zur Sache so warm, daß die Schuld schon im Jahre 1772 um 5200 Pfund reduziert war. Das war ein gutes

Die alte luth. Zions-Kirche in Philadelphia.

Zeichen. Der Plan, eine Lotterie zu eröffnen, schlug der Kirchenrat ab. Da war Mühlenbergs Stimme auch dabei.

Sieben Jahre waren verflossen, seit er wieder nach Philadelphia zog. Nun hatte die Gemeinde eine solide Verfassung und eine solide Kirche. Für beides hatten sie Ursache, nächst Gott, Mühlenberg zu danken. Das hatte sein praktischer Verstand, seine selbstlose Hingabe an sein Amt, seine Willigkeit in Liebe allen alles zu werden, ohne Gottes je dabei zu vergessen, zu stande gebracht.

Vielleicht irren wir nicht, wenn wir sagen, die große Aufgabe, das Hauptwerk seines Lebens, war jetzt geleistet, und ob er wohl noch jahrelang thätig war, die Schatten wurden länger und der Tag neigte sich dem Abend entgegen.

XIII.

Die Tage des Alters.

Der Zahl der Jahre nach können wir um das Jahr 1769 freilich kaum vom hohen Alter Mühlenbergs reden. Er hatte ja damals noch zwei Jahre bis zu sechzig.

Aber wir dürfen nicht vergessen, daß er seit bald dreißig Jahren, seit 1742, dem Jahre seiner Ankunft in Pennsylvanien, ein nicht nur ungemein thätiges, nerven= angreifendes Leben als Pastor, als Pre= diger, als Lehrer, als Berater und oft gequälter Korrespondent geführt, sondern auch ganz ungewöhnliche Strapazen durchgemacht hatte.

Längst klagte er, daß er durch das viele Reiten bei Tag und Nacht, in jeder Witterung, durch brückenlose, oft geschwollene Flüsse, auf schlechten Pfaden, durch Wald und Sumpf, in Schnee und Eis ganz „mürbe" geworden sei und die frühere Frische und Elastizität fehle. Das läßt sich leicht begreifen. Auch vielen Krankheitsanfällen war er unterworfen, und zur Erholung war ihm keine Zeit gelassen. Um die Zeit, da sein Freund Propst Wrangel nach seinem Vaterlande Schweden zurückkehrte, regte sich auch in ihm ein stärkeres Ver= langen, Deutschland und die alte Heimat wieder zu sehen. Aber wie konnte er sich von Frau und Kindern, von all den amtlichen Verant= wortlichkeiten und den brüderlichen und freundschaftlichen Verbindun= gen losreißen?

Und doch eine weite Reise wartete auf ihn auch noch hier im Erdenthale. Ohnehin entsprach das Ausziehen von der gewohnten, alltäglichen Heimat, das Eintreten und Einblicken in fremde Verhält=

niſſe, der liebevolle Anteil an andern, das Hilfeleiſten, ſo weit ſeine Kenntniſſe und Kräfte reichten, einer Seite ſeines Weſens. Sein offener Sinn, ſein weites Herz wußte ſich in Vieles und Fremdes zu ſchicken. Dazu kam, daß er dabei immer das Intereſſe der Kirche, der Gemeinden und ſeiner Amtsbrüder mit im Auge behielt.

So finden wir, daß er von Zeit zu Zeit eine lutheriſche Gemeinde zu Cohanſey in New Jerſey, etwa 36 Meilen ſüdöſtlich von Philadelphia, beſuchte. Sie war nicht ſtark genug, einen Paſtor für ſich zu erhalten. Aber eine Feſtzeit war es für ſie, wenn Mühlenberg kam, der überall, aber namentlich im Hauſe der Familie Fries, willkommen war. Er blieb dann mehrere Tage da, beſuchte Kranke und Geſunde, unterrichtete die Jugend und bereitete ſie zur Konfirmation vor, hielt Gottesdienſt und verwaltete die heiligen Sakramente. An einem Sonntag brachten die Leute einmal 23 Kinder in die Kirche zuſammen zur Taufe. Der Lärm, den dieſe 23 Kleinen mit ihren hellen Stimmen anrichteten, war beinahe groß genug, um auch einen Mühlenberg aus der Faſſung zu bringen.

Nach den Raritan-Gemeinden zog es ihn ohnehin immer wieder. Er erhielt Aufforderung, im Jahre 1767 nach New York zu kommen und bei der Einweihung der von der deutſchen Gemeinde errichteten Chriſtus-Kirche, Sonntag den 3. Mai, zu predigen. Am 5. Mai predigte er in der holländiſchen Kirche. Er hatte den Weg über die Raritan-Gemeinden genommen und mußte verſprechen, wiederzukommen. So hielt er denn Wort und beſuchte Bedminſter, New Germantown und die "In the Valley," wie dieſe Gemeinde hieß, predigte, hielt das heilige Abendmahl und beſuchte Kranke. Paſtor Prizelius hatte die Gemeinden im vorhergehenden Jahre verlaſſen. Nun aber beſtürmten die guten Leute Mühlenberg mit ihren Bitten, er ſolle doch zu ihnen ziehen, bei ihnen bleiben und ſeine alten Tage bei ihnen zubringen. Er ſagt ſelber, daß ſie um ihn waren wie Kinder um einen Vater. Aber es half nichts. Er mußte am 15. Mai wieder umkehrn nach Philadelphia. Er kam aber wieder im Februar

1769, als sein ältester Sohn P e t e r dort seine amtliche Wirksamkeit begonnen; der Vater predigte und der Sohn las die Gebete. Er stand bei den Gemeinden in guter Achtung. Als im Jahre 1772 sein Bruder H e i n r i ch E r n st dort mehrere Wochen hindurch eine Klasse Konfirmanden unterrichtet hatte, kam der Vater und hielt die Prüfung und Konfirmation.

Im kalten Winter 1762, vom 16. Februar bis 8. März, machte er von Philadelphia aus, wohin er im Herbst 1761 wieder gezogen war, eine weite Tour, besuchte **Providence, Neu-Hannover, Reading,** wo damals Hausihl wirkte, mit dem er wie auch mit Verwandten Umgang hatte; **Heidelberg,** wo sein Schwiegervater, Conrad Weiser, im Jahre 1760 auf seiner Bauerei gestorben war; **Tulpehocken,** wo J. Nik. Kurtz wirkte; das damals erst im Entstehen begriffene **Lebanon;** den **Elisabeth Hochofen** des in seiner Art gar eigentümlichen „Baron" H. W. S t i e g e l, der sich aber zur lutherischen Kirche hielt und mit acht Pferden der Sage nach fuhr. Als **Helmuth** im Jahre 1769 nach Lancaster berufen wurde, begleitete ihn Mühlenberg am 22. April dorthin, ging auch bis nach Y o r k, das er seit Jahren nicht besucht hatte und wo indessen eine schöne Kirche war erbaut worden. Er kam hier zusammen mit Pastor Joh. Georg Bager, der in Halle war ausgebildet worden, im Oktober 1752 nach Pennsylvanien kam, sich zuerst in Quitopohilla, dem nachherigen Lebanon, sodann aber zu Conewage, später Hannover, York County, Pa., niederließ und in jener Gegend lutherischen Gemeinden diente, auch Glied der Synode war. Er ist der Stifter eines noch angesehenen Geschlechtes und starb am 9. Juni 1791.—Auch in die Gegend von Easton, Bethlehem, Allentown, Macungie und weiter gegen die Blauen Berge hin hat Mühlenberg je und je seine Streifzüge ausgedehnt und als Inspektor und Reiseprediger gewirkt.

Daß seine eigenen Gemeinden an seinen Feldzügen nicht immer ihr besonderes Vergnügen fanden, läßt sich denken. Sie erwarteten eben je und je ihn auf der Kanzel, da kam ein anderer und sie meinten, das sei doch nicht dasselbe. So predigte er einmal Sonntag, den 17. April 1763, vormittags in Barren Hill, nachmittags aber eröff= nete er als Präsident der Synode die an dieselbe zurückgegebene Kirche zu Germantown mit der ersten lutherischen Predigt nach zehnjähriger Trennung. Die Philadelphier aber waren gar nicht zufrieden und hatten viel zu klagen und zu murren wider ihn. Das kam ihm zu Ohren. Da erzählte er ihnen am nächsten Sonntag in der dichtge= brängten St. Michaelis=Kirche zuerst vor der Predigt ganz ruhig die Geschichte von dem armen Mann, der hinabging von Jerusalem nach Jericho, unter die Mörder fiel, den sie anpackten, schlugen und halb tot liegen ließen.

XIV.

Zweite Reise nach Eben=Ezer in Georgien.

D ie weiteste Reise wartete noch auf Mühlenberg. Wir erinnern uns, daß er bei seiner Ankunft in der Neuen Welt im Jahre 1742 Eben= Ezer, die Salzburger Kolonie westlich von Savannah, Ga., besuchte. 32 Jahre waren seitdem hingegangen. Unendlich Vieles hatte er seither erlebt und gewirkt. Jetzt aber, im Jahre 1773, kam an ihn die Aufforderung, wieder die weite Reise dorthin zu unternehmen. Die Aufgabe war keine leichte. Mühlenberg war in Jahren vorge= rückt und die frühere frische Rüstigkeit fehlte. Die Verhältnisse aber, um welcher willen er in jene weite Ferne ziehen sollte, waren schwieri= ger und sehr unangenehmer Art. Er sollte als Friedensstifter dort auftreten.

Über die obwaltenden Streitfragen und die dabei besonders be=
teiligten Personen hatte er die nötige Aufklärung empfangen durch J.
A. Urlsperger, Senior der evangelisch=lutherischen Geistlichkeit
zu Augsburg, den Nachfolger seines Vaters. Von diesem hatte er auch
die Fürsorge für die Eben=Ezer Salzburger in Deutschland überkommen.
In Eben=Ezer befanden sich damals die zwei Pastoren **Christian Rabenhorst** und **Christoph Friedrich Triebner**; letzterer war verhält=
nismäßig ein Neuling. Wie es in solchen Fällen gewöhnlich ist, hatte
j der Teil seine Klagen gegen den andern, seine Anhänger und seine
Gegner. Leugnen ließ sich nicht, daß vor der Ankunft Triebners der
Zustand in Eben=Ezer bei weitem friedlicher war. Gleichwohl hatte
die Verwaltung von Mühlen, welche von den Gemeindegliedern zum
Vorteil des Ganzen waren errichtet worden, schon zuvor Meinungs=
verschiedenheiten hervorgerufen. Die Mühlen waren errichtet worden
mit milden Beiträgen, die aus Augsburg waren gesandt worden. Die
bestimmten Repräsentanten der Wolthäter in Deutschland beanspruch=
ten, daß sie über die Mühlen unbeschränkt zu verfügen, den Gewinn
von denselben aber zum Besten der Eben=Ezer Gemeinde anzuwenden
haben.

Das alles und anderes hatte nun Mühlenberg gründlich zu untersuchen,
nach bestem Befinden Recht zu sprechen und das brüderliche Verhältnis unter
den Pastoren und den Frieden in der Gemeinde herzustellen mit besten Kräf=
ten. Er hätte gute Gründe gehabt, den ganzen Antrag abzulehnen. Nicht
nur sein Alter und die weite Entfernung und die Aussichtslosigkeit, mit solchem
Versuche die bitter Entzweiten zu vereinen, hätten ihn gerechtfertigt. Aber
es kam dazu, daß er Ende 1773 und Anfang 1774 sehr leidend gewesen war.
Zudem war er wegen einer so langen Abwesenheit von der Philadelphia Ge=
meinde bedenklich. Aber außer Urlsperger in Augsburg drang auch der
hochbetagte Dr. Ziegenhagen in London gar sehr in ihn, sich der Eben=Ezer
Gemeinde anzunehmen. In der Philadelphia Gemeinde stand aber damals
schon der sehr tüchtige J. Chr. Kunze, und als dritter Pastor dessen Schwager,
Heinrich Ernst Mühlenberg. So war sie in glücklicher Weise versorgt. Da
wurde denn endlich nach langem Erwägen der Entschluß gefaßt, die weite
Reise zu unternehmen. Die Hoffnung wurde auch gehegt, daß Mühlenbergs

Gattin, die schwer leidend war, und die, wie auch die jüngste Tochter Maria Salome, als Pflegerin der Mutter, mitgehen sollte, vielleicht durch die Reise gekräftigt würde.

Noch im April und Mai 1774 machte Mühlenberg abermals Besuch bei den Raritan=Gemeinden, wo damals noch sein Sohn Heinrich Ernst den Dienst that, aber im Juni nach Philadelphia berufen wurde. Als W. Graaf 1775 die Raritan=Gemeinden antrat, sah sich Vater Mühlenberg von allen ferneren Verpflichtungen gegen dieselben frei. — Auch die Fürsorge für die Gemeinde in Reading, von welcher J. A. Krug im Frühjahr 1771 nach Frederick, Md., zog, nahm ihn im Sommer 1773 besonders in Anspruch. An sie trat 1775 Pastor H. Möller.

Ja, wir wissen, daß Mühlenberg im August 1773 einen Besuch in New York machte, wo nachher sein Sohn Friedrich August C. bis 1776 des Amtes wartete. Im Frühling jenes Jahres hatte ihn auch der uns schon bekannte Pastor J. Fr. Rieß in Philadelphia besucht.

Der Entschluß zur weiten Reise war gefaßt. Am 27. August 1774 wurde unter höchst zahlreicher Begleitung abschiednehmender Freunde das Schiff betreten, das Vater, Mutter und Tochter nach Charleston, S. C., tragen sollte. Nach seiner Gewohnheit gibt Mühlenberg in seinem Tagebuch eine Beschreibung der Schiffsgesellschaft und schildert sich als einen „altmodischen, gar nicht anziehenden Pfarrer." Sonntag, den 4. September, predigte er auf dem Schiffe englisch und ließ dazu deutsch singen. Am 8. September, vormittags 10 Uhr, landeten sie in Charleston. Hier war damals längst eine deutsche lutherische Gemeinde, und in ihrer Mitte wurde er mit seiner Familie freundlichst aufgenommen. Am folgenden Sonntag predigte er in ihrem Gotteshause. So that er mehrmals und übte auch in andern Dingen einen heilsamen Einfluß auf die Gemeinde aus, die sich damals in kritischer Lage befand, hatte auch Verkehr mit mehreren Predigern lutherischer Gemeinden in der Provinz.

Endlich, am 26. Oktober, gingen die Reisenden wieder zu Schiffe und kamen nach einer rauhen Fahrt am Nachmittag des folgendes Tages nach Savannah. Hier lud sie Joachim Zübly, Pastor der re=

formierten Gemeinde, der uns schon einmal begegnete, freundlich in sein Haus ein; sie wurden aber bei S t e p h a n   M i l l e r, einem Gliede der lutherischen Gemeinde, einquartiert. Er predigte auch am folgenden Sonntag in der deutschen lutherischen Kirche. Sonst hielt Rabenhorst alle sechs Wochen hier Gottesdienst. Montag, den 31. Oktober, besuchten ihn die beiden Pastoren von Eben-Ezer und er hatte Gelegenheit, beide Parteien zu hören.

Wir können hier kein Interesse haben, auf die einzelnen Fragepunkte und die sehr weitläufigen Verhandlungen über dieselben einzugehen. Mühlenberg wurden sehr viele unruhige Tage und schlaflose Nächte dadurch veranlaßt. Das Ende war, daß Mühlenbergs Weisheit, Geduld und Unparteilichkeit allgemein anerkannt wurde, daß R a b e n h o r s t s Rechtlichkeit und Lauterkeit in allem wesentlichen fest stand, daß aber auf Triebners Verhalten sehr dunkle Schatten fielen. Er wollte anfangs Mühlenbergs Recht, die Dinge zu untersuchen, bestreiten. Als eine neue Gemeindeordnung von den Gliedern und auch von ihm war angenommen worden, widerrief er seine Zustimmung nach einigen Tagen. Noch schlimmere Dinge tauchten wider den eitlen, herrschsüchtigen Mann auf. Kurze Zeit nach Mühlenbergs Besuch setzte ihn die Eben-Ezer Gemeinde vom Predigtamte ab. Anhänger hatte er immer noch einige. Nach R a b e n h o r s t s Tod (1777) schien er neuen Einfluß zu gewinnen. Aber im Unabhängigkeitskriege war er, wie auch Pastor Zübly, ganz auf seiten der Englischen, mußte die Gegend verlassen und kam zuletzt nach London, von wo er noch 1796 Briefe und Pamphlete an Pastor H e l m u t h nach Philadelphia sandte. Von da an ist er verschollen. Die Eben-Ezer Gemeinde erlitt während des Freiheitskrieges schweren Schaden. Viel Gutes, daß Mühlenberg bewerkstelligt hatte, ging verloren.

Mit seiner Familie hatte Mühlenberg in E b e n - E z e r von gar mancher Seite viel Gutes genossen. Von den Gliedern, die er hier im Jahre 1742 getroffen, wandelten nicht mehr viele hienieden. Als er am 6. Februar 1775 Eben-Ezer verließ, gaben Rabenhorst, acht Männer und zwei Frauen ihm zu Pferde das Ehrengeleite. Von Savannah schifften die Reisenden sich am 17. Februar 1775 ein und kamen am 6. März nach viel Ungemach mit Dank gegen Gott und zur Freude der Ihrigen und der Gemeinde wieder in P h i l a d e l p h i a an.

XV.

Der Feierabend und Abschied.

Seinen Schwiegersohn, Pastor Kunze, fand Müh=
lenberg bei seiner Rückkehr schwer erkrankt,
und auch sein Sohn Heinrich Ernst litt in=
folge allzuschwerer Arbeit. Im Lande
gährte es, und der Unwille gegen England,
das unweise Maßregeln glaubte durchsetzen zu können,
war allgemein und im Steigen begriffen. Mühlenberg
hielt sich persönlich von dem erregten politischen Par=
teigetreibe fern. Seine Söhne nahmen ganz offen
ihre patriotische Stellung gegen England. Seine große Hochachtung
für George Washington spricht er auch in seinen Tagebüchern
in schönen Worten aus.

Um jene Zeit zählte die deutsche lutherische Gemeinde in
Philadelphia nicht weniger als 600 Familien. Gottesdienst wurde
jeden Sonntag in der St. Michaelis=Kirche und in der schönen großen
Zions=Kirche gehalten. Was die Gemeinde damals besonders be=
durfte, war ein größerer Gottesacker. Denn der Begräbnisplatz
um die St. Michaelis=Kirche her und an ihrer Nordseite war keines=
wegs ausreichend. Durch Mühlenbergs Vermittelung kam ein Teil
des Squares zwischen Vine und Race, Franklin und Achten Straße,
für die Summe von 1500 pennsylvanischen Pfunden in den Besitz der
Gemeinde im Jahre 1776. Ihr Eigentumsrecht an die einzelnen
Begräbnisplätze gab sie aber nie auf. So konnte sie das im Laufe
von nahezu 100 Jahren höchst wertvoll gewordene Grundstück in
unserer Zeit für eine hohe Summe veräußern, nachdem sie einen
Gottesacker vor der Stadt erkauft hatte, und neue deutsche lutherische
Gemeinden mit sehr beträchtlichem Beitrage in der Stadt gründen
helfen.

Fünfzehn Jahre lang hatte Mühlenberg wieder an der Spitze der deutschen evangelisch-lutherischen Gemeinde in **Philadelphia**, in eifriger Arbeit in Pennsylvanien und dessen Nachbargebieten seit bald 32 Jahren, gestanden. Wenn er den geordneten Zustand der Philadelphia Gemeinde unter ihrer neuen Verfassung, wenn er weit umher viel anderes, daran er gearbeitet oder mitgearbeitet hatte, sich vergegenwärtigte, so durfte er sehen, daß er doch nicht vergeblich gearbeitet hatte, und daß der liebe Gott ihm hatte Manches und Bedeutendes gelingen lassen. Vereinzelt war er in den Jahren 1742 bis 1745 dagestanden. Jetzt sah er eine schöne Anzahl von Pastoren und viele Gemeinden in synodaler Verbindung mit sich vereinigt, ja, er erlebte noch, daß sein Schwiegersohn, Dr. Joh. Chr. Kunze, die Synode von New York im Jahre 1786 gründete. Die lutherische Kirche des Landes hatte nun einen festen Bestand, und dazu hatte sein umsichtiger Geist und seine rastlose Thätigkeit das meiste beigetragen.

War es nicht natürlich und billig, daß er sich im Gefühl der Abnahme seiner Kräfte aus dem Getreibe des Stadtlebens und aus der nie endenden Sorge und Unruhe des Amtes an der großen Gemeinde herauswünschte? Wenn je Einer, so hatte er einen ruhigeren Lebensabend verdient. Die Gemeinde erkannte das auch an und sah ihn, als er 1776 wieder nach **Providence** (Trappe) zog, von da an doch noch als mit ihr verbunden an und behielt ihn mit 50 Pfund jährlicher Besoldung als Hilfsprediger, wobei von ihm nur die Dienste erwartet wurden, die er leisten wollte. Er hat auch noch einige Jahre hindurch je und je zur Freude der Gemeinde in Philadelphia gepredigt. Auch zum Ankauf eines Stückes Landes mit zweistöckigem steinernen Hause war ihm der Rat der Gemeinde behilflich. Dahin zog er am 18. März 1776. Er hatte längst an Abnahme des Gehörs gelitten. Er klagt 1778, daß ein in seiner Nähe losgefeuerter Kanonenschuß bei einer militärischen Beerdigung ihm den Rest des Gehörs vollends genommen habe. Doch ist das mit einer Beschränkung zu verstehen, denn wenn Pastor Voigt, den er gerne sah, über den Schuylkill herüberkam und in Providence predigte, so spielte Mühlenberg je und je dazu die Orgel. In Philadelphia predigte er am 31. Oktober 1778 nach dem Abzug der Englischen; war dort auch im Frühling 1779, klagt aber schon über geschwollene Füße. Im Jahre 1781, am 10. Juni, war er zum letzten Male bei der Synodalversammlung an= wesend, ebenfalls in Philadelphia. In den folgenden Jahren traten mehr und mehr Schwäche und Gebrechen ein. Als ihn 1784 die Universität von Pennsylvanien zum Doktor der Gottesgelehr= samkeit ernannte—man war damit damals noch etwas langsamer als in unserer Zeit—freuten sich die Seinigen und gar viele Freunde mehr darüber, als er selbst. Die Unruhen des Krieges hatten bis an das etwas abgelegene Providence gestreift, ohne großen Schaden zu thun. Dort aber, wo er so lange früher gewohnt und gewirkt und der Freunde und Bekannte viele gewonnen hatte, rüstete er sich zum letzten Schritte in erwünschter Stille. Er betrat je und je die Kanzel in Neu=Hannover und in Providence, zur Aushilfe für Pastor Voigt. Zuletzt war er auch dazu nicht mehr fähig.

An der Abfassung des von der Synode im Jahre 1786 veröffent= lichten Kirchengesangbuchs war Mühlenberg noch vom Jahre 1782 an lebhaft beteiligt. Er sammelte die besten alten Lieder der Kirche in dasselbe und gab gerade dadurch dem Buche seinen besten Wert, der ihm auch mehr als 70 Jahre hindurch ausschließlich in der lutherischen Kirche des Landes zuerkannt wurde. Mühlenberg schrieb auch die Vorrede dazu. Sie ist mit Ausnahme eines von ihm schon in Deutschland ausgegebenen Büchleins so ziemlich das einzige, was wir Gedrucktes von seiner Hand haben. Als nach der Zurückziehung der sog. Stamp=Akte von seiten der englischen Regierung ein Danktag an manchen Orten, besonders in Philadelphia, gefeiert wurde, ließ Mühlenberg die Predigt, die er bei diesem Anlaß am 1. August 1766 in St. Michaelis hielt, im Druck erscheinen, bei H. Miller, Philadelphia. Der Inhalt war: „Ein Zeugnis von der Güte Gottes gegen Sein Bundesvolk in alten und

neuen Zeiten und von der Undankbarkeit Seines Bun=
desvolkes gegen Ihn." Leider war bisher kein Exemplar dieser
Predigt aufzufinden. In einem Briefe vom 5. November 1783 drückt
sich Mühlenberg dahin aus: „Es wäre wohl eine sehr wünschens=
werte und vorteilhafte Sache, wenn alle lutherischen Gemeinden in den
nordamerikanischen Staaten mit einander vereinigt wären, wenn sie
einer und derselben Gottesdienstordnung sich bedienten und eines und
desselben Gesangbuchs, und wenn sie in guten und bösen Tagen an
einander thätigen Anteil nehmen und brüderlich zusammenstehen wür=
den." Leider sind wir auch heute noch von diesem Ziele sehr weit
entfernt.

Die engere Verbindung zwischen Mühlenberg und seinen Amts=
brüdern und zwischen den Vätern und Anstalten zu Halle wurde
natürlich während des Krieges sehr gelockert. Und sie war auch
trotz nachher noch stattfindenden Briefwechsels in früherer Weise
nicht wieder herzustellen. Die lutherische Kirche der Neuen Welt
wuchs mehr und mehr heran, teilte sich in verschiedene Synoden und
trat in die Zeit der Selbständigkeit in der Verwaltung ihrer inneren
Angelegenheiten ein.

Mit alten Freunden blieb Mühlenberg gerne im brieflichen
Verkehre. So auch mit dem in seinem Vaterland Schweden in allen
Ehren stehenden Propst Wrangel bis zum Jahre 1773. Dann
hörte unter dem späteren Kriegslärm auch diese Verbindung auf.
Am 22. April 1787 empfing Mühlenberg Kunde vom Hingang
seines Freundes.

Und das war auch das letzte Lebensjahr Mühlenbergs. Die
Zions=Kirche zu Philadelphia war während des Krieges als Hos=
pital benutzt worden und mußte innen neu hergestellt werden. Müh=
lenberg ließ sich bewegen, die Predigt bei der Wiedereröffnung der=
selben (1782) zu halten. Es war wohl sein letztes Auftreten vor der
Philadelphia Gemeinde. Seine letzte Predigt hielt er in Providence,
am 26. September 1784. Vom Winter 1784—1785 an nahm seine

körperliche Schwachheit auffallend zu. Seine selbst sehr leidende Gattin hat ihn bis zum 3. August 1802 überlebt. Seine Kinder waren alle noch bei seinen Lebzeiten in den Ehestand getreten. Er hatte sein Haus in guter Ordnung bestellt und wartete auf den Ruf seines Herrn.

Dieser Ruf kam Sonntag Morgen zwischen 12 und 1 Uhr, am 7. Oktober 1787. Und er war willkommen. Der Zustand des an der Wassersucht Leidenden war schon lange periodisch äußerst beengend und schmerzhaft gewesen. So wurde er besonders in den letzten Tagen vor dem Ende. Es kam kein Schlaf in die Augen. Nur mit großer Mühe ging der Atem. Die Seinigen waren in Leid und Thränen um ihn. Merkwürdig war, daß kurz vor seinem Tode das Gehör wiederkehrte. Er sprach den Seinigen Worte der Aufmunterung und des Trostes zu. Zuletzt sagte er, im Bette zurücklehnend, den schönen Schlußvers des Liedes: **Befiehl du deine Wege:**

> Mach End, o Herr, mach Ende
> An aller unserer Not;
> Stärk unsre Füß und Hände
> Und laß bis in den Tod
> Uns allzeit Deiner Pflege
> Und Huld befohlen sein;
> So gehen unsere Wege
> Gewiß zum Himmel ein!

Tief holte er nach diesen Worten noch einmal Atem und entschlief. Die Stunde der Erlösung hatte geschlagen. Sein Alter betrug 76 Jahre und 31 Tage.

So schnell als möglich war und weithin verbreitete sich die Nachricht vom Tod des hochverehrten Vaters. Wahrlich, es war ein Starker in Israel gefallen! Und ehrende und liebende Worte wurden von manchen Kanzeln nach seinem Hingang gesprochen.

Gar zu gerne hätte die Philadelphia Gemeinde die entseelte Hülle in ihrer Zions-Kirche beigesetzt. Aber die Familie irrte nicht, als sie ihm an der Südost-Seite der Providence-Kirche die Ruhestätte auf der breiten, weiten Höhe anwies. Neben ihm ruhet dort unter derselben Marmorplatte die treue Genossin seiner Pilgerfahrt. Tausende sind seither andächtig zu jener Stätte gewandert. Das Gedächtnis des Gerechten bleibet im Segen. (Spr. 10, 7.) Obwohl er tot ist, redet er noch durch den Glauben. (Ebr. 11, 4.)

Wort und Schwert
Eine feste
BURG
ist
unser Gott
Marcus

Anhang.

1. Kurze Geschichte der deutschen evang.-luth. Gemeinden in und um Philadelphia.

2. Festpredigt beim 100jährigen Jubiläum der Zions-Kirche in Philadelphia, von Pastor Dr. G. F. Krotel.

3. Überblick über die lutherischen Synoden Amerikas.

Dr. Martin Luther.

Die Mutter-Gemeinde.

—

Als die deutschen Lutheraner in Philadelphia 1743 an-
fingen die **St. Michaelis-Kirche** zu bauen, da lag
dieselbe eigentlich vor der Stadt draußen. Ein
Krautgarten zog sich von der Kirche hinauf bis an
die jetzige Race Straße. Der hauptsächlichste Teil
der Stadt lag damals von der Market Straße bis
hinunter zur Pine Straße und zwischen der Fünften
Straße und dem Delaware Fluß. Uns erscheint
es befremdlich, daß der Bau jener Kirche sich durch
5 Jahre hinziehen konnte, aber die Zeiten waren
anders als jetzt. Benutzt wurde dieselbe schon am
2. Sonntag nach Epiph. 1745, als der aus Deutschland angelangte Pastor Brunnholtz seine An-
trittsrede hielt. Noch hatte die Kirche keine Fenster;
der Wind jagte die Schneeflocken auf die Kanzel
und Bibel.

Um's Jahr 1759 nahm die deutsche Einwanderung einen Aufschwung in Pennsylvanien. Geldunter-
stützungen kamen von Deutschland für arme Gemeinden. An
vielen Orten wurden Kirchen errichtet. Gewöhnlich wurde zuerst
für Schullokale gesorgt und diese wurden dann für den Gottesdienst
benutzt, ehe die Kirche erbaut war. Dem christlichen Unterricht in
lutherischen Gemeindeschulen wurde damals viel mehr Gewicht
beigelegt als jetzt, und die Prediger jener Zeit fanden die Konfirmanden besser vorbereitet als wir heute, wo nur Sonntagschulen sich
befinden. Das neue Schulhaus in der Cherry Straße wurde am 27.
Juli 1761 eröffnet. Schon 1758, also elf Jahre nach der Einweihung

der St. Michaelis=Kirche, war die Rede davon, dieselbe zu ver=
größern. 1765 zählte die Gemeinde zwischen 700—800 Familien=
häupter.

Die Gemeinde war e i n großes Ganzes, die e i n z i g e lutherische
Gemeinde der Stadt, und daß in ihr nur die d e u t s c h e Sprache galt,
verstand sich von selbst. An eine Trennung der großen Gemeinde in
2 oder 3 Gemeinden wurde nicht gedacht. Ja, als es sich um einen
neuen Kirchenbau handelte, wurde ausdrücklich beschlossen, daß doch
nur e i n e Gemeinde bleiben sollte.

Am 14. Juni 1843 wurde in der alten St. Michaelis=Kirche
das 1 0 0 j ä h r i g e Jubiläum festlich begangen. Ein Festbuch wurde
„Zum Andenken an die 100jährige Jubelfeier‟ herausgegeben. Die
Kirche war mit Rosen und Immergrün geziert, und über der Kanzel
stand in Goldbuchstaben auf himmelblauem Grunde „Friede sei in
deinen Mauern. 1743—1843.‟ Zwei große Marmortafeln wurden
angefertigt. Die Inschriften bezeugten, daß die Pastoren Heintzel=
mann, Brunnholtz, Handschuh, Schmidt und Helmuth vor dem Altar
der Kirche ihre Ruhestätte fanden. Dr. Demme, Dr. Miller, Pastor
Reichert, Pastor Richards und Dr. Stohlmann beteiligten sich an
diesem Jubelfeste.

Die St. Michaelis=Kirche hat 125 Jahre gestanden. Sie faßte
800 Personen. Als die alte Zions=Kirche abgebrochen wurde (1869),
zog die Gemeinde noch ein Jahr lang in die alte Michaelis=Kirche, bis
die neue Zions=Kirche fertig war. Sie stand lange Zeit leer und
wurde 1874 samt dem Grundstück (dem alten Kirchhofe ringsum) um
$44,000 verkauft.

Nur wenige Schritte von der St. Michaelis=Kirche entfernt,
wurde 1766 die **Zions=Kirche** gebaut. Die Gemeindeglieder steuer=
ten $4800 in zwei Monaten bei. Der Grund kostete $4106.66.
Aus D e u t s c h l a n d kamen reichliche Kollekten. Um keine Schulden
zu machen, ließ man den Bau stille stehn, doch konnte er am 25. Juni
1769, ohne im Innern fertig zu sein, eingeweiht werden. Backsteine

6

wurden 525,567 im Bau verwendet. Die Kirche war damals die
größte und schönste in Nord Amerika und faßte an 3000 Personen.
Der Bau kostete $21,333. Die Engländer erbrachen 1777 die Zions=
Kirche und richteten ein Militärhospital ein. 1790 wurde die Orgel
mit 2000 Pfeifen und 3 Manualien aufgestellt.

Pastor Justus H. Christ. Helmuth, 1779—1820.

Im Jahre 1790 brach das gelbe Fieber in Philadelphia aus
und die Gemeinde verlor dadurch 625 Glieder; im Jahre 1798 raffte
das gelbe Fiebe 360 Mitglieder weg; 1799 herrschte dasselbe wieder
und ebenso 1802. In dieser schweren Zeit stand Pastor Justus H.
Christ. Helmuth in der Gemeinde. Derselbe kam 1769 von Halle
mit Pastor Joh. F. Schmidt in Philadelphia an, wurde Pastor in
Lancaster und wurde nach 10jähriger Thätigkeit nach Philadelphia ge=
rufen. Hier wirkte er in reichem Segen 41 Jahre, von 1779—1820.

Er resignierte wegen Altersschwäche 1820 und starb 1825. Unter seiner Amtsthätigkeit brannte am Christfest 1794 die Zions=Kirche ab, wurde wieder gebaut und am 26. November 1796 aufs neue einge= weiht. Nach dem Tode George Washingtons (14. Dezember 1799) wurde in der Zions=Kirche am 26. Dezember 1799 eine groß= artige Gedächtnisfeier, auf Veranlassung der Ver. Staaten Regie= rung, gehalten. Der Senat, der Obergerichtshof, viele Generäle und Offiziere die unter Washington dienten, wohnten der Feier bei. General Henry Lee hielt die Rede, und es war bei dieser Gelegenheit, daß die berühmt gewordenen Worte zum ersten Male gehört wurden: "First in war, first in peace, and first in the hearts of his countrymen."

Schwere Kämpfe hatte am Anfang dieses Jahrhunderts die Ge= meinde mit den Gliedern zu bestehen, die die e n g l i s c h e Sprache in die deutsche Gemeinde einzuführen wünschten. Am 26. Februar 1801 kam die erste Bittschrift um Anstellung eines englischen Predigers. 1803 beschloß die Gemeinde, daß die englische Sprache n i c h t neben der deutschen beim Gottesdienst eingeführt werden soll. 1806 trennten sich deshalb eine Anzahl Glieder und gründeten die englische lutherische St. Johns=Gemeinde an der Race Straße. Das war ein richtiger Weg. Wäre damals die englische Sprache in der Zions=Kirche eingeführt worden, würde hier heute wohl keine blühende deutsche lutherische Kirche zu finden sein. Leider gab es nach Gründung der englischen Gemeinde keinen Frieden in Zion. Der zweite Kampf wegen Einführung der englischen Sprache begann am 26. September 1815 wieder, und das Jahr 1816 steht in der Chronik der Gemeinde als ein Jahr des Kampfes mit der eng= lichen Partei. Seither hat die Muttergemeinde an der d e u t s c h e n Sprache festgehalten und bestimmt, daß die St. Paulus=Gemeinde, St. Jakobus, St. Johannes, Emanuels und andere von ihren Töch= tern, am lutherischen Bekenntnis und an der d e u t s c h e n Sprache festhalten müssen; im andern Falle verlieren sie ihr Eigentum. Die englischen Gemeinden mit den viel wohlhabenderen Gliedern haben sich aber doch über die Stadt ausgebreitet, und es ist weise, solchen zur Selbständigkeit zu helfen. Leider sind selbst zwei von Mühlenbergs Söhnen der lutherischen Kirche untreu geworden und zur Episkopal= Kirche übergegangen.

Das **Reformationsfest** am 31. Oktober 1817 wurde mit großer Feierlichkeit in der Zions=Kirche gehalten. Es erschien eine besondere Gedenkschrift mit der Augsburger Konfession.

Am 15. Mai 1866, dem 100jährigen **Jubelfest** der Grund= steinlegung der Zions=Kirche, war diese Kirche festlich geschmückt. Pastor Dr. Krotel hielt die Festpredigt über Joh. 4, 38. Dem Kin= derfest am Nachmittag wohnten über 2000 Kinder bei. Abends hielt Pastor B. W. Schmauck, von Lebanon, Pa., eine Missions=Festpredigt über Pf. 48, 10. 14. Die alte Zions=Kirche an der 4. und Cherry Straße wurde 1868 verkauft und 1869 abgebrochen.

Besonders lange hatte an der Zions=Gemeinde Pastor Dr. **Karl Rud. Demme** gewirkt. Derselbe wurde am 10. April 1785 in Mühl= hausen geboren, besuchte das Gymnasium in Altenburg, dann die Uni= versität Göttingen und Halle, um sich auf das Rechtsfach vorzubereiten; nahm an der Erhebung des deutschen Volkes gegen Napoleon I. teil, und wurde in der Schlacht bei Waterloo verwundet. Im Jahre 1818 wanderte er nach den Vereinigten Staaten aus und wandte sich der Theologie zu; wurde 1819 Prediger in Hummelstown, Pa., und folgte dann einem Rufe nach Philadelphia, wo er 37 Jahre lang, hochgeachtet als Pastor, ausgezeichnet als Kanzelredner und Gelehrter, wirkte. Er starb am 1. September 1863. Die alte Gemeinde, der er vom Jahre 1822 an diente und die ihm in den schwachen Tagen einen Ruhegehalt gewährte, beging am 27. September 1888 seine 25jährige Gedächtnisfeier in der Zions=Kirche.

In der St. **Paulus=Kirche** predigten die Pastoren der Zions=Kirche. Lange strebten die Glieder in St. Paulus darnach, eine selbständige Gemeinde zu werden. Endlich wurde am 2. Juni 1868 durch eine Gemeindeabstimmung die Selbständigkeit

erlangt und die Teilung vollzogen. Diese geschah unter folgenden
Bedingungen: „Die St. Michaelis= und Zions=Gemeinde, sowie die
St. Paulus=Gemeinde sind blos so lange zur Hälfte des Einkommens
berechtigt, so lange noch fünfundzwanzig männliche stimmfähige Glie=
der vorhanden sind, und so lange die Gemeinde nur deutschen
Gottesdienst nach rein evangelisch=luth. Glaubenslehre hält, wie sie
in der unveränderten Augsburgischen Konfession vorgeschrieben ist.
Sollte die St. Michaelis= und Zions=Gemeinde weniger als fünfund=
zwanzig männliche stimmfähige Glieder haben, so soll das ganze Ver=
mögen der St. Michaelis= und Zions=Gemeinde der St. Paulus=
Kirche zufallen und umgekehrt. Sollte die St. Paulus=Gemeinde,
sowie die St. Michaelis= und Zions=Gemeinde weniger als fünfund=
zwanzig männliche stimmfähige Glieder haben, so sollen diese Glieder
das Recht haben, mit ihrem oder beider Vermögen und Eigentum sich
den übrigen deutsch=luth. Gemeinden der Stadt Philadelphia anzu=
schließen, die aus unserer Gemeinde hervorgegangen sind."

Pastoren der luth. Michaelis= und Zions=Gemeinde:

Pastor Dr. H. M. Mühlenberg	. . . .	1742—1745.
" " " "	. . . .	1761—1787.
" Peter Brunnholtz	. . . .	1745—1757.
" Joh. Diet. Matth. Heintzelmann	. . . .	1753—1756.
" Joh. Fr. Handschuh	. . . .	1757—1764.
" Christoph Em. Schultze	. . . .	1765—1771.
" Dr. J. Chr. Kunze	. . . .	1770—1784.
" Dr. H. Mühlenberg d. J.	. . . .	1773—1779.
" Dr. J. H. C. Helmuth	. . . .	1779—1820.
" Fr. Schmidt	. . . .	1786—1812.
" Dr. Fr. David Schäfer	. . . .	1812—1834.
" Dr. Karl Rudolf Demme	. . . .	1822—1863.
" E. Peixoto	. . . .	1833—1884.
" G. A. Reichert,	. . . .	1833—1854.
" Dr. Wilh. Julius Mann,	. . . .	1850—1884.
" Dr. Georg A. Wenzel	. . . .	1854—1864.
" Dr. A. Späth	. . . .	1864—1867.
" J. Emanuel Nidecker	. . . .	1883—heute.

1. Die deutsch-luth. Zions-Gemeinde.

Pastor J. Emanuel Ridecker.

Am 10. Mai 1869 wurde der Grundstein zur neuen Zions-Kirche an der Franklin Straße gelegt. Dieselbe wurde am 11. September 1870 eingeweiht. Pastor Dr. Krotel hielt die Weihepredigt über Luk. 10, 23 und 24. Die Kirche ist ein stattlicher Bau und eine der schön-sten, größten Kirchen Philadelphias. Neben der Kirche steht ein hübsches Pfarrhaus und hinter der Kirche ein dreistöckiges Schulhaus.

Unter Pastor Dr. **W. J. Mann's** Wirksamkeit wurde die neue Zions-Kirche gebaut. Derselbe wurde am 29. Mai 1819 in Stutt-gart geboren, kam 1845 nach Amerika und wurde 1850 an die Zions-Gemeinde berufen, um in Verbindung mit Dr. Demme, Pastor Reichert und Pastor Wenzel in der St. Michaelis-, Zions- und St. Paulus-Kirche zu predigen. Im Jahre 1884 legte er sein Amt an der Zions-Gemeinde nieder, an der er 34 Jahre (1850—1884) als Seelsorger stand. Als Professor ist er am Seminar seit seiner Grün-dung thätig, und als Schriftsteller sind eine Menge Schriften von ihm erschienen. Gerade jetzt arbeitet er an dem für die amerikanisch-luth. Kirche so wichtigen Werke „Die Halle'schen Nachrichten," von denen bereits ein Band erschienen ist.

Pastor J. E. Ridecker (geb. am 19. September 1849 in Basel) wurde im Juli 1883 an die Zions-Gemeinde berufen, zog ins Pfarr-haus nebenan ein und predigte abwechselnd mit Pastor Dr. Mann, welcher nach West-Philadelphia gezogen war. Am 16. November 1884 hielt Dr. Mann seine Abschiedspredigt, und ist noch Pastor Emeritus der Gemeinde. So standen seit dem Bau der neuen Zions-Kirche seither zwei Pastoren an der Muttergemeinde:

Pastor Dr. W. J. Mann (1850) . . . . 1870—1884
    ‟   J. E. Ridecker . .   . 1883—heute.

Lehrer J. C. Haas zog mit seinen Schülern 1870 in das Schul-

haus ein.   Derſelbe war (ſeit 1846) 38 Jahre Lehrer an der Zions=
Gemeindeſchule und 28 Jahre Organiſt, auch half er in allen Vereinen

Die neue Zions=Kirche.

der Gemeinde thätig mit.   Im Jahre 1884 legte er ſein Amt nieder
und ſtarb 1891 bei ſeinem Sohne in New York.   Seine Leichenfeier

wurde am 13. November 1891 in Zion gehalten. An der Zions=
Schule sind 3 Lehrer thätig: Lehrer K. Kaltenbach seit 1870, Lehrer
H. Gröneveld seit 1884, und im Kindergarten Lehrerin Emilie Wolf
seit 1885. Die Schule wird von 87 Kindern besucht. Die Sonn=
tagschule zerfällt in 5 Abteilungen: Die Bibelklasse, unter Pastor
Nibecker; die I. und II. Abteilung unter Sup. B. G. Müller, die III.
Abteilung unter Sup. C. W. Kuhlemeier, die IV. Abteilung unter
Sup. C. Einselen. Die Sonntagschule zählt 750 Schüler und 71
Lehrer. Die Beamten sind: Pastor Nibecker, B. G. Müller, Chr.
Pflaum, jr.—Der Frauen=Verein hat 67 Glieder: Frau Marie
Baltz, Präsidentin; Frau Friederike Müller, Sekretärin; Frau Marie
Nibecker, Schatzmeisterin.—Der männliche Armenverein hat fol=
gende Beamte: Pastor Nibecker, W. F. Sauer, M. Langenstein.—
Die Beamten des Waisen=Vereins sind: Pastor Nibecker, C. A.
Panzerbieter, H. G. Reineke.—Im Missions=Verein sind Pastor
Nibecker, B. G. Müller und Chr. Pflaum die Beamten. Seit 1890
ist ein Diakonissen=Verein gegründet, der 600 Glieder hat. Eine
Diakonissin ist in der Gemeinde angestellt. Die Beamten sind:
Pastor Nibecker, K. Kaltenbach und Chr. Pflaum. Der Luther=
Verein wurde von Pastor Nibecker gegründet und zählt 90 Glieder;
die Beamten sind Pastor Nibecker, Remy Börner und Karl Pflaum.
—Die Beamten des Kirchenrats sind: M. Langenstein, Präsident;
Joh. Knapper, Sekretär und Joh. Moeller, Schatzmeister.

Am 5. Dezember 1742 hielt Heinrich Melchior Mühlenberg seine
erste Predigt in Philadelphia. Auf Grund dieses Datums gedenkt
die Zions=Gemeinde im Dezember 1892 ihr 150jähriges Jubiläum
zu feiern. Die Zions=Kirche soll bis dahin restauriert werden.

2. Die deutsche luth. St. Paulus-Gemeinde.

Pastor F. Wischan.

Der Baugrund, worauf die St. Paulus-Kirche, Ecke St. John und Brown Straße, steht, wurde schon 1792 von der alten Mutter=gemeinde gekauft. „Nördliche Freiheiten" (Northern Liberties) hieß jene Vorstadt und lag weit vor der eigentlichen Stadt. 1794 wurde ein lutherisches Schulhaus daselbst gebaut und von 1802 an in der Woche Gottesdienst in demselben gehalten. Am 27. April 1805 be=gann die Mosheim'sche Gesellschaft eine Sonntagschule in dem Schul=haus. Am 11. Juni 1831 kam die erste Bittschrift um Erbauung einer Kirche, am 3. März 1834 die zweite, und erst 1839 wurde der Kirchenbau beschlossen. Am 31. März 1840 wurde der Eckstein zur St. Paulus-Kirche gelegt. Dr. Demme hielt am 16. August die erste Predigt im Betsaal, und am 13. Dezember 1840 wurde die Kirche von Pastor Dr. Demme eingeweiht. Dieselbe hatte einen Turm, eine Glocke und eine Uhr. Da die Bau=Komitee den Blitzableiter statt außen inwendig im Turm herableitete, so ereignete es sich, daß am Sonntag, den 25. Juli 1847, beim Schlusse des Nachmittag=Gottes=dienstes, während eines Gewitters, der Blitz in den Turm einschlug. Turm und Kirche brannten ab. Ohne Turm wurde die Kirche jetzt gebaut und am 20. Februar 1848 eingeweiht.

Als die St. Paulus-Kirche (1840) gebaut wurde, hatte Phila=delphia eine Bevölkerung von 258,000 ; 10 Jahre später (1850) wies sie 440,000 Seelen auf ; im Jahre 1870 schon 674,000 ; heute weit über eine Million (1,040,000).

Sehr merkwürdig ist es, daß die deutschen Lutheraner 74 Jahre lang keine Kirche in Philadelphia bauten. Die Stadt zählte 10,000 Einwohner als die erste St. Michaelis=Kirche (1742) gebaut wurde. Dann kam es von 1766, wo der Bau der Zions=Kirche an der 4. und Cherry Straße unternommen wurde, zu keinem Kirchenbau mehr bis

1840. Es war wohl die Zions-Kirche sehr geräumig, aber die entfernter wohnenden Lutheraner gingen an näher liegende Kirchen samt ihren Kindern verloren.

St. Paulus-Kirche im Jahre 1840.

Die Gottesdienste wurden von den Pastoren, die in den drei Kirchen zu predigen hatten (St. Michaelis, Zion und St. Paulus), abwechselnd gehalten, und zwar Sonntag vormittags in St. Paulus

und Zion, nachmittags in Zion und abends in St. Paulus. Sonn=
tag nachmittags fand die Kinderlehre in St. Michaelis statt. Diens=
tag abends war abwechselnd in St. Paulus und St. Michaelis Gottes=
dienst. Es predigten in der St. Paulus=Kirche seit 1840:

Pastor Dr. C. R. Demme	—1863.
" G. A. Reichert	—1854.
" Dr. W. J. Mann	1850—1869.
" Dr. G. A. Wenzel	1854—1864.
" Dr. A. Spätß	1864-1867.
" F. P. Mayser	1867—1868.
" Emil Riecke	1868-1870.
" F. Wischan	1870—heute.

Im Jahre 1869 wurde die St. Paulus=Gemeinde selbständ'g.
Ihr erster Pastor war C. Riecke, der von 1868 bis Juli 1870 die
Gemeinde bediente. Dann gab's eine Trennung nach schweren
Kämpfen in der Gemeinde. Pastor C. Riecke gründete die unab=
hängige lutherische St. Paulus=Gemeinde, viele Glieder gingen nach
der neuen Zions=Kirche und nur ein kleiner Rest blieb. Seit dem
1. September 1870 bedient Pastor F. Wischan die Gemeinde. Vom
11. bis 15. Mai 1890 feierte die Gemeinde ihr 50jähriges Jubelfest
und gab zwei Jubiläums=Büchlein heraus.

Die Gemeindeschule hat 4 Lehrer (J. Roth, S. G. Seeger, M.
Baumann und C. Reef), welche 230 Schüler in 4 Abteilungen unter=
richten. Die Sonntagschule zählt 800 Schüler und 133 Lehrer.
Dieselbe zerfällt in 6 Abteilungen: Bibelklasse, unter Pastor Wischan,
die Präparandenklasse unter Lehrer Roth, die I. Abteilung unter Sup.
C. Sittner, die II. Abteilung unter Sup. S. Seeger, die III. Ab=
teilung unter Sup. C. Neumann, die IV. Abteilung unter Sup. H.
Sohl. Die Beamten der Sonntagschule sind: Pastor F. Wischan,
Präsident; Lehrer S. Seeger, Sekretär; W. Gähr, Gehilfs=Sekretär
und W. Strehlau, Schatzmeister.

Das 3stöckige Schulhaus mit 6 Lehrsälen wurde 1867 gebaut
und am 10. März eingeweiht. Früher wurde in den untern Sälen

ber St. Paulus-Kirche die Schule gehalten. Am 6. Dezember 1880 begann Frl. Bertha Brunner einen Kindergarten mit Kindern von 3—6 Jahren. Die Lehrer bisher waren: Aug. Schnabel 1867—1870; G. F. Landenberger 1849—1872; C. Kaltenbach 1867—1870; J. G. Weiß 1871—1882; F. P. Bender 1872—1875; U. P. Heilman 1875—1878; F. Lamerdin 1882—1883; P. A. Linß 1883—1887; B. Brunner 1880—1888; J. Roth 1883—heute; S. G. Seeger 1887—heute; Marg. Baumann 1868—heute; C. Reef 1888—heute. Eine N ä h s c h u l e wird seit 1882 jeden Samstag mit 140 Kindern gehalten.

Der F r a u e n - und Jungfrauen-Verein wurde am 26. Oktober 1870 gegründet. Derselbe hat 127 Glieder. Beamten sind: Frau C. Lindenstruth, Frl. S. Kern und Frau M. Hausch.—Der m ä n n - l i c h e Armenverein hat 38 Glieder. Die Beamten sind: J. Messer- schmidt, H. Sohl und K. Neumann.—Am 9. März 1887 wurde ein D i a k o n i s s e n - Verein gegründet; derselbe hat 600 Mitglieder. Eine Diakonissin ist seit dem 30. April 1887 angestellt. Beamten sind: Pastor Wischan, J. Roth und F. Halbig.—Eine C e n t - K o l l e k t e für Mission und Waisen besteht seit 1870. Die Beamten des Kirchen- rats sind: J. Dannecker, Präsident; G. D. Schraishuhn, Sekretär; J. Zölls, Buchhalter und J. Messerschmidt, Schatzmeister.

3. Die deutsche luth. St. Jakobus-Gemeinde.

Pastor F. W. Weiskotten.

Zu den drei Kirchen (St. Michaelis, Zion und St. Paulus) kam 1856 eine vierte, die S t. J a k o b u s - Kirche an der Columbia Ave. und Neu-Dritten Straße. Pastor Benj. Keller begann 1854 in einer Halle zu predigen, und organisierte am 27. April 1855 die St. Jako-

Die luth. St. Jakobus-Kirche.

bus=Gemeinde. Die Muttergemeinde (St. Michaelis und Zion) be=
schloß am 10. September 1855 den Kirchenbau, zahlte fünf Jahre
lang $500 am Predigergehalt und $400 am Lehrergehalt und be=
stimmte: „Daß die deutsche Sprache für immer in der Gemeinde
erhalten werde, damit zu allen Zeiten die Einwanderer von unserm
alten Vaterlande die schönen Gottesdienste desselben hier finden, da
ihnen fast immer die Mittel fehlen, sie selbst zu gründen." Der Eck=
stein wurde am 12. Mai 1856 gelegt und die Kirche durch die Pastoren
Keller,, Dr. Demme, Vogelbach und Dr. Krotel eingeweiht. Der
Bauplatz kostete $5450 und der Bau $15,120 und der Turm $1650.
Die Kirche ist 61 Fuß breit und 95 Fuß lang. Der Turm ist 133 Fuß
hoch und hat 3 Glocken. Folgende Pastoren bedienten die Gemeinde:

Pastor Benj. Keller, von . . . . 1855—1857.
  " Jak. T. Vogelbach, von . . . . 1857—1880.
  " Alex. Richter, Gehilfe, von . . . . 1878—1880.
  " Alex. Richter, Pastor, von . . . . 1880—1881.
  " F. W. Weißkotten, von . . . . 1881—heute.

Die Gemeindeschule wurde 1856 eröffnet. Folgende Lehrer
standen an derselben: Chr. Lang (1856—1859), Ernst Becker (1857
—1860), Math. Vogelbach (1860—1864), Jak. Roth (1860—1883),
Nondthaler, Elise Käß, Pauline Gruel, Bahr, Lenare, Gentot von
1864—1867; Jak. Lehmen (1867—1885), Kath. Wolf (1869—
1871), Pastor A. Linß (1883), H. Gröneveld (1883—1884), Witte
(1884—1885), Gust. Resch (1885—1889), Wilh. Dedekind (1889
—heute), Soph. Schleich (1886—1887), Hel. Rebinger (1887—
1889) und Emilie Weißkotten (1889—heute). Zwei Lehrer unter=
richten 100 Schüler. Ein besonderer Saal wurde 1888 gebaut; er
kostete $5000.

Die Sonntagschule wurde 1855 gegründet. Sie hat
800 Schüler und 99 Lehrer und 4 Abteilungen: Die Bibel=
klasse unter Sup. J. Dambach, die Oberklasse unter Sup. G. Grund,
die Mittelklasse unter Sup. J. Kling, die Unterklasse unter Sup. E.

L. Weiskotten.—Vereine: Waisen= und Missions=Verein, Tabea=
Verein, Kirchen=Verein und Kranken=Verein. Am 4. Mai 1890
wurde das 35ste Jahresfest der Gemeinde gefeiert. Auf Kosten einiger
Glieder wurde im Herbst 1891 die Kirche hübsch renoviert und gemalt
und am 5. Dezember wieder eingeweiht.

4. Die deutsche evang.=luth. Emanuels=Gemeinde.

Pastor Hugo Grahn.

Die Gemeinde liegt im südlichen Teil der Stadt Philadelphia,
im sog. Southwark. Ihre Kirche steht an der Ecke der 4. Straße und
Carpenter Straße, etwa eine Meile südlich von der Market Straße
und eine viertel Meile westlich vom Delaware. Sie wurde gebildet
aus Gliedern der ehemaligen Michaelis= und Zions=Gemeinde, die
in dieser Gegend wohnten. Die Muttergemeinde unterstützte das
Unternehmen. Sie sandte zuerst im Jahre 1859 einen ihrer
Lehrer, Chr. Lang, dorthin, eine Gemeinde einzurichten und kauften,
unter Beihilfe der Southwarker Mitglieder, ein Schulhaus, das
auch zu gottesdienstlichen Zwecken benutzt werden konnte. Vom
Jahre 1865 ab predigten denn auch ab und zu die Pastoren der
Muttergemeinde darinnen. Am 14. Februar 1866 organisierten sich
die betreffenden Glieder zu einer selbständigen Gemeinde und er=
wählten Pastor Hugo Grahn zu ihrem ersten Seelsorger. „Michaelis
und Zion" förderte kräftig die junge Gemeinde, indem sie zu einem
Kirchenbau die Summe von etwa 47,000 Dollars beitrug. Am 29.
Juli 1868 wurde der Eckstein zur Kirche gelegt und nachdem sie voll=
endet, mit Orgel, Uhr und Glocken ausgestattet, am 6. Juli 1869
feierlich eingeweiht, wobei Prof. Dr. W. J. Mann die Predigt hielt.
Die Kirche enthält für 1200 Personen Sitzplätze, und kostet mit Grund

Die deutsche evang.=luth. Emanuels=Kirche.

und Boden ca. $91,300 ; auch gehört dazu ein Pfarrhaus im Werte
von 6,500 Dollars.—Zur Gemeinde halten sich über 700 Kommuni=
kanten. Die Gemeindeschule wird von zwei Lehrern bedient und von
145 Kindern besucht. Die Unterrichtssprache ist vorzugsweise die
deutsche, doch wird auch in der englischen Grammatik, Rechnen und
Geographie gelehrt. Die Sonntagschule zählt 40 Lehrer und
360 Schüler, die deutsche Sprache wird in derselben ausschließlich ge=
braucht. Am 14. Juni 1891 feierte die Gemeinde das 25ste Jahres=
fest ihres Bestehens zugleich mit dem 25jährigem Jubiläum der Amts=
führung des Seelsorgers in ihrer Mitte. So hatte denn die Gemeinde
bisher nur einen Pastor :

Pastor Hugo Grahn, von   . 1866—heute.

Die Gemeindeschule hatte folgende Lehrer: Chr. Lang
(1866—72), Chr. Strohm (1866—80), Clara Brobst (1866—67),
Fr. Schröder (1866—67), Marg. Baumann (1867—68), C. Band=
litz (1872—76). Im Jahre 1866 hatte die Schule in 3 Abteilun=
gen 325 Schüler. 1876 ging die dritte Abteilung ein. Katharine
Wolff (1876—78), Julie Riedt (1878—79). Im Dezember 1879
ging auch die zweite Abteilung ein. Erh. Würthner (1880—82).
Am 1. September 1882 trat Wilhelm Merz aus Württemberg ein
und ist heute noch der Oberlehrer und Organist. Frl. M. Schmidt
ist seit 1888 die zweite Lehrerin. — Die Beamten der Sonntag=
schule sind: Pastor H. Grahn, Präsident; W. Schäfer, Superin=
tendent; W. Merz, Sekretär; C. Itter, Schatzmeister, und Vorsteher,
F. Ludwig. Vereine: Armenverein (Beamte: Schäfer, Merz,
Itter), Krankenverein (Ludwig, Horstmann, Liesee, Böhm), Waisen=
verein (Pastor Grahn, Böhm, Volkmann, Frau Winsel und Frau
Pleis), Frauenverein mit 46 Mitgliedern (C. Winsel, M. Wolff, F.
Pleis), Jugendverein mit 150 Mitgliedern (Merz, Koch, Blöcker,
Born, Pfund und Finkenagel). Im Kirchenrat hat neben dem Pastor
Herr Georg C. Böhm 25 Jahre gedient. Die Beamten sind: G. C.

Böhm, Präsident; J. Liesee, Sekretär; J. Itter, Schatzmeister, und
W. Schäfer, J. Pfund, A. Köster, J. Knecht, H. Volkmann, C. Siegle,
L. Korb, J. Born, R. Hartmann, A. Houget. Am 21. November
1890 war Feuer in der Kirche ausgebrochen. Die Reparaturen beliefen sich auf $1886.50.

5. Die deutsche luth. St. Johannis-Gemeinde.
Pastor Dr. A. Späth.

Eine Sonntagschule wurde vom Lehrerverein der St. Michaelis-,
Zions- und St. Paulus-Gemeinden am 24. Februar 1861 an der Ecke
der Brown Straße und Ridge Avenue mit 26 Lehrern und 186
Schülern eröffnet unter Supt. J. Walz und Sekretär Karl Klenk.
Eine deutsch-lutherische Gemeindeschule wurde von St. Michaelis-
und Zions-Gemeinde am 1. Dezember 1862 mit einem Lehrer und 12
Schülern an der 13. und Coates Straße eröffnet. Schon im Herbst
1863 war die Zahl der Schüler auf 120 gestiegen und ein zweiter
Lehrer mußte angestellt werden. Die Sonntagschule bezog das ge-
mietete Schulhaus.

Zur Gründung der St. Johannis-Gemeinde wurde am 15.
September 1863 die erste Versammlung abgehalten. Als Beamten
wurden erwählt: K. Klenk, Präsident; J. Früh, Sekretär und F.
C. Schmidt, Schatzmeister. Diese richteten eine Bittschrift an den
Kirchenrat der Muttergemeinde, worauf der Bauplatz an der 15. und
Ogden Straße im Mai 1864 für $6000 gekauft wurde. Der Bau
der St. Johannis-Kirche sollte $28,107 kosten. Am 18. September
1865 wurde der Eckstein gelegt. Am Neujahrstage 1866 war das
Dach auf der Kirche fertig. Die untern Kirchenräume wurden den
Winter hindurch gemacht und am 18. April 1866 konnte der Bet-
saal eingeweiht werden. Den 19. April bezogen die Wochenschulen

Die deutsche luth. St. Johannis-Kirche.

mit 172 Schülern die neuen Schulräume. Die Gottesdienste wurden
im Betsaal jeden Sonntag Abend gehalten von Pastoren der Schwe=

stergemeinden oder Studenten. Am 25. November 1866 wurde Kandidat P. G. Mayser provisorisch angestellt und vom Advent 1866 an auch die Morgengottesdienste gehalten. Am 18. September 1866 wurde die Gemeindeordnung angenommen und im Oktober der erste Kirchenrat erwählt. Als Seelsorger der Gemeinde wurde am 11. Februar 1867 Pastor A. Späth einstimmig erwählt. Die Gemeinde war damals über 400 Mitglieder stark. Um den obern Teil der Kirche auszubauen wurde am 4. Oktober 1867 ein weiterer Kontrakt für $19,496 abgeschlossen. Die Einweihung konnte am 10. Mai 1868 geschehen. Die Glocken auf dem Turme ($1315) wurden am 17. Juli eingeweiht und die Orgel am 10. September 1868.

Am 4. August 1868 übergab die Muttergemeinde der St. Johannis-Gemeinde die versprochenen $40,000 und die Selbstver= waltung ihrer Wochenschulen mit der Bestimmung, daß die St. Johannis=Gemeinde immer deutsch und lutherisch bleiben müsse. Der Kontrakt lautet auf 999 Jahre, wofür jährlich $1 an Zion zu zahlen ist. Die damalige Schuld von $16,500 ist bis auf einen kleinen Rest gedeckt. Die Gemeinde hat bisher nur einen Pastor ge= habt:

Pastor Dr. A. Späth, von . . . . 1867—heute.

Die Glieder des Kirchenrats sind: Pastor Dr. A. Späth; Karl Klenk, Präs.; F. A. Kloos, Sekr.; G. L. Lutz, Buchhalter; J. Körner, M. Urban, F. Weidemann, J. Hahn, W. Sievers, Ch. Schäfer, H. Rauneck, H. Jantzen, J. Hauser.

Die St. Johannis=Kirche ist 104 Fuß tief und 62 Fuß breit. Seit August 1867 besteht die Centkollekte; dadurch wird durch eine Gabe von 1 Cent per Woche eine beträchtliche Summe jährlich erzielt.

Ein Frauenverein besteht seit September 1868, welcher für die Armen, die Waisen und das Deutsche Hospital arbeitet. Der Verein zählt 76 Glieder. Die Beamten sind: Rosalie Göbel, Präs.; Marie Bauer, Vice=Präs.; Frau Westergaard, Sekr.; Hel. Burgner, Schatzmeisterin.

Ein männlicher Kranken=Unterstützungsverein besteht seit dem 31. Juli 1874, in welchem nur Glieder deutsch=luth. Gemeinden, welche mit der Synode von Pennsylvanien verbunden sind, aufgenommen werden. Die Auflage beträgt monatlich 50 Cents, die Unterstützung wöchentlich $5.00, das Leichengeld eines Gliedes $50, dessen Frau $30. Beamten sind: K. Klenk, A. Bachmann, F. A. Kloos, und E. Schultz. Der Verein zählt 67 Glieder.

Ein Frauen=Unterstützungsverein besteht seit dem 5. April 1877. Die Auflage beträgt monatlich 35 Cents, wöchentliche Krankenunterstützung $4, Leichengeld $40. Die Beamten sind: Ch. Walker, Fr. Klink, Ch. Urban, Ch. Lutz.

Beamte des Sonntagschullehrer=Vereins: Pastor Dr. A. Späth, Präs.; F. A. Kloos, Sekr.; A. Sievers, jr., Schatzmeister; Chr. Lutz, Supt. Die Schule besteht aus 4 Abteilungen mit 54 Lehrern und 550 Schülern.

Die Gemeindeschule ist eingegangen. Frühere Lehrer der Gemeindeschule waren: J. Ochse, G. Bürger, Aug. Schnabel (1870 —84), F. Maier (1870—86), Anna Schnabel, J. Jansen, G. Karutz, Otto Roth. Eine Samstagschule, die 45 Schüler zählt, wird von Pastor G. Eisenhardt und Gattin diesen Winter geleitet.

6. Die deutsche luth. Bethanien=Gemeinde in Manayunk und Roxborough, Philadelphia.

Pastor Adolf Hellwege.

An der Ecke der Martin und Pechin Straße in Roxborough erhebt sich auf Bergeshöhe die luth. Kirche mit dem stattlichen Pfarrhaus. Diese Kirche wurde am 22. März 1874 eingeweiht. Das Pfarrhaus wurde 1888 gebaut. Aber die Gemeinde war schon 1845 gegründet und hatte ihr altes Kirchlein nicht weit von dem jetzigen

Gebäude, dessen Grundstück nun als Begräbnisplatz der Gemeinde verwendet wird. Auch das alte Pfarrhaus, jetzt verkauft, steht noch. Im Jahre 1895 kann die Gemeinde ihr 50jähriges Jubiläum feiern.

Die neue Kirche ist ein ansehnlicher Steinbau, 40 x 70 Fuß

Die deutsche luth. Bethanien=Kirche in Roxborough.

groß und 36 Fuß hoch. Sie enthält eine geräumige Seitengallerie und Sitze für 800 Personen. Die Orgel, von Barkhoff in Philadel= phia, hat 1091 Pfeifen, 2 Manuale zu 5 Oktaven und 2 Oktaven Pedal, und repräsentiert einen Wert von $2600. Sie wurde viele

Jahre unentgeltlich von Herrn Georg Grebe dahier gespielt. Der jetzige Organist ist Herr H. Galatti.

Seit dem 13. Juli 1845, an welchem Datum Prof. Pastor Kally aus Richmond von Pastor Dr. Demme als erster Pastor eingeführt wurde, besteht die Gemeinde. Weil die meisten Glieder nicht auf der Bergeshöhe von Roxborough wohnen, sondern ihre Arbeit in den Wollfabriken und Eisenwerken in dem eine viertel Stunde von der Kirche entfernten Manayunk finden, gab man der Kirche den Namen: „Deutsche evang.=luth. Gemeinde von Manayunk und Roxborough" (Philadelphia). Es haben folgende Pastoren die Gemeinde bedient:

Pastor W. B. Kally	1845—1846.
" C. R. Keßler	1846—1847.
" Christian Brandt	1847—1849.
" Friedrich Walz	1850—1851.
" A. Gerwig	1851.
" P. Schifterling und H. A. Friedel	1852.
" L. W. Heidenreich	1852—1853.
" G. F. Gärtner	1853—1856.
" Hugo Grahn	1857—1858.
" H. Riis	1859—1867.
" C. Peixoto	1867—1871.
" Dr. W. Haßkarl	1872.
" Dr. Fried. von Badenfeld	1872—1877.
" G. F. Wörner	1877—1880.
" G. Zobel	1880—1885.
" G. C. Gardner	1885—1891.
" Adolf Hellwege	1891—heute.

Pastor G. C. Gardner, ein Sohn des früher hier wirkenden Pastors F. Gärtner, trat am 22. November 1885 sein Amt an und legte es am 1. Januar 1891 nieder, um die englische Mission in New=ark, N. J., anzunehmen. Ihm folgte auf einstimmigen Ruf am 25. Januar 1891 der jetzige Seelsorger, Pastor Adolf Hellwege, bisher Hilfsprediger der St. Johannis=Gemeinde in Reading. Derselbe wurde am Sonntag Reminiscere durch Prof. Dr. Mann in sein Amt eingeführt. Auf seinen Antrag nahm die Gemeinde den Namen „Bethanien=Gemeinde" an und schloß sich dem evang.=luth. Ministerium von Pennsylvanien an.

Im Frühjahr 1891 wurde die Kirche geschmackvoll mit Fresco=malereien dekoriert und ein Altarwandbild, Jesus den guten Hirten darstellend, angefertigt. Die Vereine der Gemeinde, besonders der Frauenverein, übernahmen die Reparaturkosten von $828.36. Die Gemeinde zählt 715 konfirmierte Glieder und hat eine Sonntagschule von 275 Schülern mit 35 Lehrern. Ein Frauenverein, Missionsverein und Luther= (Jugend=) Verein arbeiten für die Werke der äußeren und inneren Mission. Die Sterbekasse dient zur Unterstützung der Witwen in der Gemeinde.

Der Kirchenrat besteht aus: Pastor A. Hellwege; Michael Schwarz, Präsident; Fr. Hanf, Sekretär; Joh. Prediger, Schatz=meister; Ph. Klink, A. Kern, Fr. Wörner, J. Voigt, Vorsteher.

Die Beamten des Sonntagschullehrer=Vereins: Der Pastor; L. Kraus, Supt.; L. Hanf, Sekr.; Fr. Wörner, Schatzm.; J. Winterle, Bibliothekar; H. Meier und Fr. Guba, Direktoren. Die Beamten des Frauenvereins: Frau Laubenstein, Präs.; Frau Guttmann, Sekr.; Frau Groß, Schatzm. Beamten des Luther=vereins: Der Pastor, Präs.; L. Hanf, Sekr.; Frl. Lena Reeh, Schatzm. Direktorium: M. Vogt, A. Wein und F. Wörner. Be=amten des Missionsvereins: Frau P. Wörner, Präs.; Frau Leforte, Sekr.; Frau Bullwinkel, Schatzm. Für das Waisenhaus: Frau P. Wörner und Frau Reeh. Die Gemeinde sammelt soeben, um einen neuen Kirchhof für $5000 kaufen zu können.

7. Die deutsche lutherische St. Thomas-Gemeinde zu Germantown.

Pastor Fr. Jelden.

Die deutsche luth. St. Michaelis-Kirche, welche Mühlenberg 1752 eingeweiht hatte und die Handschuh, Heintzelmann, Kurtz, Voigt, Buskirk, Schmidt, Weinland, J. D. Schäffer, Becker und Keller bedienten, blieb bis in die zwanziger Jahre ganz deutsch. Unter S. M. Schmucker (1848) wurde der deutsche Gottesdienst abgeschafft. Die deutsche luth. St. Thomas-Gemeinde wurde am Ostermontag des Jahres 1855 organisiert, nachdem schon ein Jahr früher Dr. C. W. Schäffer von der englischen luth. St. Michaelis-Kirche den Anfang zu einer deutschen Gemeinde gemacht hatte. Da die Gemeinde zu klein war, um für sich allein einen Pastor zu halten, wurde sie anfangs von Manayunk aus bedient und zwar war Pastor G. Gärtner der erste Seelsorger. Folgende Pastoren bedienten seither die Gemeinde:

Pastor G. Gärtner	1855—1858.
" H. Grahn	1858—1862.
" C. Schlatermundt (auch Waisenvater)	1862—1863.
" Benj. Keller	1863—1864.
" Keecher	1864—1865.
" W. Nieb	1865—1868.
" Thomas Steck	1868—1870.
" A. T. Geissenhainer	1870—1875.
" Th. Duensing	1875—1877.
" Chr. G. Fischer	1877—1884.
" H. Wendel	1884—1886.
" F. Jelden	1886—heute.

Unter Pastor Nieb's Amtsführung baute die Gemeinde, Ecke Hermann und Morton Straße, ihr Gotteshaus, dessen 25jähriges Bestehen im Winter 1891 gefeiert wurde.

Am 19. September 1870 erhielt per Kontrakt die St. Thomas=
Gemeinde $1400 von der deutschen luth. St. Paulus=Gemeinde auf
25 Jahre geliehen, wofür $1 Zins per Jahr zu zahlen ist.

Im Herbst 1886 trat Pastor F. Jelden, von Canada aus be=
rufen, sein Amt an der Gemeinde an. Ein Frauenverein, wie ein
Jungfrauenverein sind zum Besten der Gemeinde thätig. Ein Kirchen=
chor, unter der tüchtigen Leitung von Georg Heinz, sen., trägt viel zur
Verschönerung der Gottesdienste bei. Die Sonntagschule wird von
100 Kindern, die von 15 Lehrern unterrichtet werden, besucht. Der
Kirchenrat besteht aus folgenden Gliedern: Pastor F. Jelden, Vor=
sitzer; Jakob Lang, Sekretär; G. Reich, Schatzmeister; Jodock Mohr,
Gottlieb Gohl, Geo. Hettler, Geo. Heinz, Jakob Schön, Fritz Ort=
haus, W. Neumann.

8. Die deutsche lutherische Immanuls=Gemeinde in Frankford, Phila.

Pastor Matthias Schimpf.

Die Geschichte dieser Gemeinde reicht zurück zum Jahre 1792.
An der Pine Straße, zwischen der Adams und Frankford Str., stand
ein unscheinbares Haus auf einer gewöhnlichen Baulotte, halb versteckt
im Schatten alter Eichbäume. Dies war das erste Gotteshaus der
deutschen Lutheraner in Frankford. Ihr Kaufbrief trug die Jahres=
zahl: den 4. April 1792. Der Gründer und Pastor lange Jahre war
Dr. Friedrich Schäfer. Die Kommunikantenzahl war 18—20 Per=
sonen. Um das unscheinbare Gotteshaus erstreckte sich der kleine
Friedhof. Der ward bald zu eng und wurde deshalb am 4. März
1796 ein weiteres Stück Grund dazu gekauft, so daß der ganze Platz
1 Acker und 16½ Ruten umfaßte. Aber auch das Haus wollte nicht

mehr taugen. Subskriptionen wurden aufgenommen für ein neues. Das herzbewegliche Bittschreiben des Pastors in dieser Sache, jetzt noch in Verwahrung unseres Präsidenten Louis Metzger, bekundet die edle Gesinnung des Verfassers, aber auch den Eifer, mit welchem die Sache betrieben wurde. Im Jahre 1805 wurde das neue zweistöckige Gebäude gebaut und eingeweiht. Im untern Saal wurde Gottesdienst gehalten, den zweiten Stock bewohnte der Küster und Totengräber. Zu seinem Dienst an der Kirche und auf dem Friedhof mußte derselbe $5 monatlich bezahlen, bekam aber von jedem Grab die Hälfte der Einnahmen. Für ein größeres Grab mußte $5 und für ein kleineres $3 bezahlt werden. Diese kleine Gemeinde—die größte Zahl der Abendmahlsgäste betrug 30—hatte, obgleich in der langen Zeit von 63 Jahren kein Pastor in Frankford wohnte, doch jeden Sonntag ihren Gottesdienst. Die andere größere deutsche Gemeinde zu Frankford war reformiert, gab im Jahre 1808 die deutsche Sprache auf und wurde presbyterianisch. Doch auch bei der einzig deutschen Gemeinde wurde es immer stiller, und statt vorwärts ging's rückwärts. Da kam Pastor Benjamin Keller, von der St. Jakobus-Gemeinde in Philadelphia, welcher von 1855 bis zum 1. Sonntag im Februar 1857 in Frankford predigte. Dieser begann nun das regelmäßige Kirchenregister. Da das Besitzrecht der Gemeinde zweifelhaft geworden, setzte derselbe es durch, daß durch einen besonderen Akt der Gesetzgebung unter Gouverneur Pollock 1855 die Gemeinde einen gesicherten Rechtstitel erlangte. Der letzte Eichbaum wurde im April 1856 umgehauen. Nun wurden Curbsteine gesetzt, das Pavement gelegt, Abendmahlsgeräte angeschafft; die Gemeinde erhielt ihre jetzige Konstitution und ihren Freibrief. Auf der Südseite des Gotteshauses dehnte sich der Steinbruch immer weiter und drohender aus. Den Lutheranern in Bridesburg wollte der Weg nach Frankford zu weit werden; deshalb betrieb Pastor Keller immer eifriger den Verkauf des Kircheneigentums, um die beiden Gemeinden auf einer günstig gelegeneren Stätte zu vereinigen. Doch der neue und schöne Anfang

wurde durch den Weggang Kellers 1857 unterbrochen. Ein Jahr
später kam Dr. Ed. Speidel, der in Frankford und Bridesburg pre=
bigte. Er fand die in Bridesburg eifriger für die Kirche, als die in
Frankford. Am 1. April 1861 schloß dessen Wirksamkeit in Frank=
ford. Über zwei Jahre war nun Frankford vakant. Während in
Frankford alles darnieder lag, zeigte sich eine größere Rührigkeit in
Bridesburg, und das Projekt kam an den Tag, daß der Titel der Ge=
meinde nun sein solle: „Die vereinigte evang.=luth. Immanuels=
Gemeinde von Frankford und Bridesburg." Nur etwa ein Jahr währte
die Verbindung. Die in Bridesburg, zahlreicher als die in Frank=
ford, drängten, einen Seelsorger zu bekommen. Von einem namhaf=
ten luth. Pfarrer wurde ihnen der Rat: „Geht zu dem Schuhmacher
N., das ist ein frommer Mann, der predigt für euch." Der Rat
wurde befolgt. N. wurde der Pastor und die Lutheraner in die re=
formierte Classis aufgenommen. Nun kam nach Frankford Pastor
J. J. Kucher. Kaum ein Jahr konnte er es aushalten. Der Ver=
kauf des Kircheneigentums wurde ernstlicher betrieben und der Bau=
platz, 100 x 100, an der Tackawanna und Plum Straße für $550
gekauft. Dies war im Jahr 1864. Vom Jahre 1865—67 wurde
die Gemeinde von Pastor N. S. Wegner ab und zu besucht und be=
dient. Am 21. April 1867 kam Pastor G. H. Voßler nach Frank=
ford. Mit neuem Eifer wurde die Sache betrieben: das Kirchen=
eigentum am Steinbruch wurde verkauft; die neue Kirche an der
Tackawanna und Plum Straße, 40 x 60 Fuß, angefangen. Den
7. Juli 1867 wurde der Eckstein gelegt, und die Kirche den 19. April
1868 durch Dr. Mann und Dr. Späth eingeweiht. Maurer, Zim=
merleute und Anstreicher wurde die Summe von $11,575 bezahlt.
Der Gesammtbetrag der Baukosten ist nie festgestellt worden. Den
26. Dezember 1869 mußte Pastor Voßler Frankford verlassen. Die
Gemeinde, aus 97 kommunizierenden Gliedern bestehend, seufzte in
ihrer neuen Kirche unter einer Schuldenlast von $7000, äußerlich zer=
rüttet und innerlich verbittert. Darauf folgten die Pastoren Göß=

ling, Haßkarl, Pracht, Vollquarts, Bayer und Nicum. Das Schema
der Wirksamkeit der verschiedenen Pastoren in der Gemeinde bietet sich
also:

Pastor Dr. Friedrich Schäfer . . . . .1792—
   "   Benjamin Keller . . . . .1855—1857.
   "   Dr. Eduard Speidel . . . . .1858—1861.
   "   Vakant von . . . . .1861—1863.
   "   J. J. Kucher . . . . .1864—1865.
   "   R. S. Wegner . . . . .1865—1866.
   "   G. H. Voßler . . . . .1867—1869.
   "   C. J. Gößling . . . . .1870—1872.
   "   Dr. W. Haßkarl . . . . .1873—1874.
   "   O. Pracht † . . . . .1875—1876.
   "   Am. Vollquarts . . . . .1876.
   "   J. F. Bayer . . . . .1877—1878.
   "   J. Nicum . . . . .1878—1880.
   "   Matthias Schimpf . . . . vom 20. Juni 1880—heute.

9. Die deutsche luth. St. Michaelis-Gemeinde.

Pastor Franklin P. Bender.

Diese Gemeinde verdankt ihren Anfang dem Missionsbestreben
des General-Sonntagschullehrer-Vereins der Stadt Philadelphia.
Am 2. Januar 1870 gründete derselbe eine Missions-Sonntagschule
in der sog. „Temperance Hall," Ecke der Trenton Avenue und York
Straße, mit etwa 60 Kindern und einer beträchtlichen Anzahl Er-
wachsener. Dieser neuen Schule wurde der Name St. Matthäus
beigelegt. Sie entwickelte sich von Anfang an so rasch, daß vor Ende
ihres ersten Jahres die Schülerzahl schon auf 200 stieg.

Am 27. September 1870 beschloß die lutherische Stadtmissions-
Komitee von Philadelphia diese Schule als einen neuen Missions-
posten zu übernehmen, und erwählte Pastor Otto Meerwein als
Missionar. Am 15. Januar 1871 organisierte sich die Gemeinde

unter dem Namen „Lutherische St. Michaelis-Gemeinde." Dieselbe trat in's Leben mit 72 Gliedern. Die Glieder des ersten Kirchen=rates waren: Fried. Hager, Gottl. Schoeck, Kasp. Nepp, G. Grob, Fried. Schmidt und Joh. Anaker.

Am 17. August 1871 wurde angefangen mit dem Bau einer neuen Kirche, und zwar an der Trenton Avenue und Cumberland Straße, auf einem Grundstück 60 bei 160 Fuß, von der deutsch=luth. St. Paulus=Gemeinde (Pastor F. Wischan) für die Gemeinde ange=kauft für $5400.—Am 24. September wurde der Eckstein gelegt, und am 3. März 1872 erfolgte die Einweihung. Die Kirche war von Backstein, 54 bei 64 Fuß, ein Stockwerk hoch, zum künftigen Ausbau bestimmt. Die ganze innere Einrichtung—Orgel, Kanzel, Altar, Stühle 2c. — der alten St. Michaelis=Kirche, 5. und Cherry Straße, wurde von den Zions= und St. Paulus=Gemeinden geschenkt.

Am 9. Oktober 1874 überreichte Pastor Meerwein dem Kirchen=rat der Gemeinde seine Resignation, und legte am 22. November 1874 sein Amt an der Gemeinde nieder.

Am 12. Januar 1875 wurde Herr F. P. Bender, damals noch Student in unserm hiesigen theologischen Seminar, einstimmig zum Pastor der Gemeinde erwählt. Derselbe wurde nach seiner Ordina=tion bei der Synodal=Versammlung, 1875, zu Norristown, Pa., am 6. Juni 1875 feierlich in sein Amt eingeführt.

Nachdem sich allmählich die Gemeinde von der Erschlaffung in der hirtenlosen Periode erholt hatte, machte dieselbe solche erfreuliche Fortschritte, daß sie sich bald genötigt fand, ihre Kirche auszubauen. Ermuntert durch die St. Paulus= und Zions=Gemeinden, die freund=lichst die Zinsen von je $4000 und $3000 für die Gemeinde für 5 Jahre zu tragen versprochen hatten, beschloß dieselbe in einer Ge=meinde=Versammlung am 6. Mai 1879, im Vertrauen auf Gottes Hilfe, ihre Kirche auszubauen.

Am 28. Juli 1879 wurde mit der Arbeit angefangen und am 29. Februar 1880 konnte dieselbe schon eingeweiht werden. Die

Die deutsche luth. St. Michaelis-Kirche an Trenton Ave.

Kirche ist ein recht schöner Bau, zweistöckig, mit einem Turme, im Innern schön eingerichtet und enthält Sitzplätze für 1100 Personen. Im März 1882 wurde der Turm mit drei schönen Glocken versehen.

Die Gemeinde hat nun im Laufe der Jahre derart zugenommen, daß schon in den letzten 4 oder 5 Jahren die für die Sonntagschule bestimmte Räumlichkeit nicht mehr ausreichte. So war man gezwungen, mit 5—600 Kindern das obere Schiff der Kirche zu beziehen. Dadurch ist die an und für sich selbst notwendige Restauration immer dringender geworden, und die Gemeinde sah sich vor eine zweifache Aufgabe gestellt: Renovierung der Kirche und Errichtung eines Schulhauses für die Sonntagschule. Schon im Anfang des Februar 1891 begannen die Grundarbeiten, und vor Ende Juni 1891 war das Schulhaus vollendet. Das Gebäude ist von Backstein, 2 Stockwerk hoch, 60 bei 38 Fuß, und steht in direkter Verbindung mit der Kirche. Dasselbe hat Sitzplätze für etwa 600 Kinder.

In den Monaten Juli und August erfolgte dann die innere Restauration der Kirche, und am 27. September 1891 konnte dieselbe feierlich eröffnet werden. Die ganze Kirche ist jetzt eine der schönsten im nördlichen Stadtteil und repräsentiert einen Wert von ca. $50,000. Pastoren waren bisher an der Gemeinde:

Pastor Otto Meerwein . .	. 1871—1874.
" Franklin P. Bender	. 1875—heute.

Lehrer an der Gemeindeschule: J. Klingler (1871—72), H. A. Brechter (1872—83), K. F. Ollenhausen (1883—85), P. Lamerdin (1885—88), L. Seifert (1888—heute). Organisten: W. Nölsch (1870—73), H. A. Brechter (1873—heute). Die Sonntagschule hat 85 Lehrer und 1100 Kinder und ist eingeteilt in sechs Abteilungen. Präs., Pastor F. P. Bender; Sekr., H. Höfer; Schatzm., G. Stephan; Gehilfs-Sekr., L. Seifert. Supt. der 1. Abt.: Pastor Bender; der 2. Abt.: H. Hoefer; der 3. Abt.: G. Apeldorn; der 4. Abt.: L. Seifert und C. Schmidt; der 5. Abt.: H. Brechter; der 6. Abt.: Frau J. Kellner und Frl. L. Schumm.

Der Frauenverein zählt 100 Glieder. Beamten: Präs., M. Höflinger; Sekr., M. Hirsch; Schatzm., J. Kellner.

Der Jungfrauenverein zählt 130 Glieder. Beamten:

8

Präs., Frl. H. Haß; Sekr., Frl. C. Schilling; Schatzm., Frau K. Bircks. Kirchenratsglieder: Präs., H. C. Strathmann; Finanz-Sekr., J. Rodenbusch; Corresp. Sekr., L. Seifert; J. Leupold, F. Berner, K. Braun, F. A. Ludwig, K. Blume, H. Kellner, L. Horn, Ph. Krieg, J. Bircke. Schatzm., J. C. Geuther.

10. Die deutsche luth. Dreieinigkeits=Gemeinde.

Pastor August Linß.

Da, wo die ältesten Landstraßen Pennsylvaniens, die York Road und Germantown Ave., sich vereinigen, früher etwa halbwegs zwischen Philadelphia und Germantown, soll schon zu William Penns Zeiten die deutsche Ansiedelung „Rising Sun" (Aufgehende Sonne) bestanden haben. Aller Verkehr zwischen genannten Städten und den Landdistrikten passierte diese wichtige Station. Die ersten deutschen Pastoren, die auch diese Straßen zogen, wurden gewiß bald aufmerksam auf ihre hier wohnenden Landsleute. Besonders gilt das von den Pastoren der alten Michaelis= und Zions=Kirche. Noch gedenken die ältesten Einwohner des Pastors Reichert, der in den dreißiger Jahren in einem Schulhause, Ecke der Green Str. und Germantown Ave., zuweilen Gottesdienst hielt. Dr. Demme that dasselbe.

Mit der Gründung der luth. Jakobus=Gemeinde kam das Rising Sun Missionsfeld unter die Aufsicht Pastor Vogelbachs. Er predigte mehr regelmäßig, verrichtete die Amtshandlungen und begann mit Hilfe seiner Lehrer etwa um 1861 eine deutsche Sonntagschule. Von 1865—1869 amtierte Pastor W. Rieb, von der St. Thomas=Gemeinde zu Germantown, hier. Seinen Plan, in Rising Sun eine Gemeinde zu gründen, legte er 1866 der Synode vor. Aber erst unter seinem Nachfolger, Thomas Steck, und in Gegenwart von

Paſtor Vogelbach wurde in den letzten Tagen des Jahres 1869 die Gemeinde als „Deutſche evang.=luth. Dreieinigkeits=Gemeinde" organiſiert, indem 29 Männer und Frauen die Gemeindeordnung der Pennſylvania Synode von 1860 annahmen und unterzeichneten. Die erſte Abendmahlsliſte, Weihnachten 1869, enthält die Namen von 10 männlichen und 11 weiblichen Kommunikanten. Bei der Syno=balverſammlung zu Pottsville, im Juni 1870, wurde die Gemeinde aufgenommen. Mit St. Thomas in Germantown bildete ſie nun eine Pfarrei und blieb in dieſer Verbindung bis zum Jahre 1880.

Paſtor A. T. Geiſſenhainer ſtand der Gemeinde als Prediger von 1871 bis 1875 vor. Unter ihm wurde in 1874 die Gemeinde inkorporiert und erhielt als „Evang.=luth. Dreieinigkeits=Gemeinde zu Philadelphia, Pa.," ihren Freibrief (Charter). Nachdem Herr Student F. Bender eine Zeit lang hier gepredigt hatte, wurde anfangs 1875 Paſtor H. T. Duenſing der Seelſorger. Viele Jahre hatte man ſich in einem alten Schulhauſe an Germantown Ave., oberhalb Tioga Straße, neben anderen Denominationen verſammelt, und der Wunſch nach einem eignen Gotteshauſe wurde immer lebhafter. Auf einem von der St. Paulus=Gemeinde für $2200 erworbenen Grundſtück, 56 x 172 Fuß, an der 16. Str., zwiſchen Tioga und Venango Str., that man den erſten Spatenſtich im Mai 1875, und Paſtor Duenſing legte am folgenden 28. Auguſt den Grundſtein. Paſtor Dr. Späth hielt die Feſtpredigt. Ende November 1875 bezog die Gemeinde mit Dank und Freude den u n t e r e n Raum der Kirche. Mit Dezember 1876 begann Herr Student Chriſtian Fiſcher ſeine Thätigkeit. Im Juli 1877 wurde er als regelmäßiger Paſtor inſtalliert. Der o b e r e Teil wurde nun für gottesdienſtliche Zwecke hergerichtet und die ganze Kirche am 2. Advent 1877 eingeweiht. Bei einem Sturm am 8. Ok=tober 1878 wurde das Kirchendach abgeweht. Paſtor Fiſcher reſignierte im November 1879, verrichtete jedoch weitere Amtshandlungen und konfirmierte zu Oſtern 1880 noch eine Klaſſe. Die Stadtmiſſions=behörde hatte beſchloſſen, daß die Dreieinigkeits=Gemeinde ihren eige=

nen Paſtor haben ſolle. Bis dieſes geſchehen konnte, nahm ſich Paſtor F. Wiſchan des zerſtreuten Häufleins an und predigte demſelben.

Paſtor Auguſt Linß, der jetzige Seelſorger, hielt am 11. Juli

Die deutſche luth. Dreieinigkeits-Kirche in Tioga.

1880 eine Gaſtpredigt, wurde am 12. Juli gewählt und trat darauf am 5. September ſein Amt an. Seine Inſtallation fand am 19. Sonntag nach Trinitatis durch Paſtor H. Grahn ſtatt.

Die seit ihrer Gründung sowohl von der Synode, als auch von der Zions= und Paulus=Kirche unterstützte Gemeinde hat sich von Jahr zu Jahr in jeder Beziehung mehr gehoben. Das vorher nicht ganz vollendete Gotteshaus ist innen und außen mit bedeutenden Kosten fertiggestellt und verschönert worden. Es mißt 40 x 60 Fuß und kann etwa 500 Menschen fassen. Die Gemeinde zählt 205 Kom= munikanten und nahezu 300 Lehrer und Schüler in der Sonntagschule. Im letzten Jahr wurden 90 Kinder getauft und 23 konfirmiert. Das Eigentum der Gemeinde wird auf $18,000 geschätzt. Somit hatte die Gemeinde bisher folgende Pastoren gehabt:

Pastor Thomas Steck . . . . 1869—1871.
    "   A. T. Geissenhainer . . . . 1871—1875.
    "   H. T. Duensing . . . . 1875—1876.
    "   Chr. C. Fischer . . . . 1877—1880.
    "   Aug. Linß . . . . 1880—heute.

Die Sonntagschule hat 22 Lehrer und 260 Schüler. Beamte: Pastor A. Linß, Sup.; G. Aschmann, Sekr.; G. Bitzer, Schatzm. Glieder des Kirchenrats: Pastor A. Linß, Präsident; J. Blum, Sekr.; W. Raupp, Schatzm.; M. Schaub, G. Aschmann, H. Dreis= bach, G. Bitzer, Ch. Hauser, H. Lampe, H. Kornau, A. Meyer, Ch. Reichert.—Frauenverein: Zahl der Glieder, 60. Frau C. Linß, Präs. und Sekr.; Frau W. Reichert, Schatzm.—Jugend= verein: Mitglieder, 50. Pastor A. Linß, Präs.; G. Aschmann, Sekr.; A. Menke, Schatzm. Organist der Gemeinde: Harry P. Linß.

11. Die deutsche luth. St. Petri-Gemeinde in West-Philadelphia.

Pastor E. Hermann Pohle.

Dieselbe wurde im Jahre 1871 durch Pastor C. F. Welden gegründet, und zwar aus jenem geringen Überreste von deutschen Lutheranern, welcher sich nicht der zuvor organisierten großen, zu zwei Dritteilen aus Lutheranern bestehenden deutschen reformierten Emanuels-Gemeinde angeschlossen hatte. Ihre ersten Gottesdienste hielt sie in der damals von Pastor Hunt bedienten, auf der Powelton Ave., nahe 41. Straße, gelegenen englischen luth. St. Stephans-Kirche. Bald erwarb sie sich vom Richter Kelley in günstiger Lage ein 110 Fuß langes und 72 Fuß breites Grundstück an der Nordwest-Ecke von Nord 42. und Parrish Straße. Der Kaufpreis, als Grund-rente zu 6 Prozent verzinsbar, betrug $3600. Am 26. September 1872 legte der Pastor Welden, unter Assistenz der Pastoren Dr. Mann, Dr. Seip, Vogelbach, Hunt und Meerwein, den Eckstein zu einer 62 Fuß langen, 26 Fuß breiten K a p e l l e. Den nächstfolgen-den 3. Adventssonntag konnte das Kirchlein dem Dienste des drei-einigen Gottes geweiht werden. Es kostete $4250, ist ganz von Ziegeln erbaut, mit Schiefer gedeckt und so eingerichtet, daß wenn einmal eine größere Kirche an der Vorderseite des Baugrundes er-richtet werden wird, es zu Schule und Vereinszwecken dienen kann.

Am Ende des Jahres 1883 legte Pastor Welden, seines hohen Alters wegen, sein beschwerliches Amt nieder, nachdem er im Ganzen 51 Jahre im aktiven Kirchendienst gestanden. Die Gemeinde beehrte ihn mit dem Titel eines Pastors Emeritus. Kurz darnach empfing er auch vom Mühlenberg College in Allentown den Doktortitel.

Sein von der Gemeinde einstimmig berufener Nachfolger, E. H. Pohle, siedelte am 6. Februar 1884 von Norristown nach West-Philadelphia und wurde von seinem Vorgänger am 10. Februar 1884

in sein neues Arbeitsfeld eingeführt. Somit hat die Gemeinde bis=
her zwei Pastoren gehabt:

Pastor E. F. Welden . . . 1871—1884.
 " E. H. Pohle . . . . 1884—heute.

Gegenwärtiger Bestand der Gemeinde: 90 zahlende Familien=
häupter. Bestand der Sonntagschule, unter der direkten Leitung des
Pastors stehend, 175 Schüler, 22 Lehrer, resp. Beamtete. Sonntag=
schul=Bibliothek, 450 Bände gediegener Volksschriften. Vereine:
Frauenverein für Gemeindepflege; Frauen=Missionsverein; Luther=
verein für Mitglieder beiderlei Geschlechts; Männlicher Baufond=
verein; Cent=Kollekten=Baufondverein der Sonntagschule.

Kirchenrat: Ad. Kreutzer, Präs.; H. Kastner, Sekr.; G.
Schmidt, Schatzmeister. — Männlicher Baufondverein: A.
Kreutzer, Präs.; H. Kästner, Sekr.; G. Schmidt, Schatzm. — Frauen=
verein: Frau Karoline Nolde, Präs.; Frau Marie Stang, korresp.
Sekr.; Pastor E. H. Pohle, prot. Sekr.; Frau Karoline Beis=
wange, Schatzm. — Frauen=Missionsverein: Fräul. Marie
Welden, Vorsitzerin; Frau Marie Stang, Sekretärin; Frau Kath.
Beitemiller, Schatzm. — Lutherverein: Pastor E. H. Pohle,
Präs.; Ernst Schwabe, Vice=Präs.; Joh. G. F. Pfänder, Sekr.;
Heinrich Fischer, Schatzmeister. — Sonntagschule: Pastor E. H.
Pohle, Superintendent; Organist St. Knechtel, Vice=Sup.; Chr.
Repp, Sekr.; Joh. G. F. Pfänder, Bibliothekar; P. Stang, Hilfs=
bibliothekar; E. Schwabe, Schatzm. — Cent=Kollekten=Bau=
fondverein der Sonntagschule: Pastor E. H. Pohle, Präs.;
Fräul. Luise Kreutzer, Sekr.; H. Kastner, Schatzm.

12. Die deutsche luth. St. Markus-Gemeinde.

Pastor C. A. Gräpp.

Eine Sonntagschule wurde am 4. August 1878 von dem Sonntagschullehrerverein der St. Johannis-Gemeinde gegründet und durch Pastor Dr. Späth mit 7 Lehrern und 32 Schülern in einem kleinen Lokal an der 28. und Hermann Straße, in North Penn Village, eröffnet. Im Anfang leitete K. Klenk dieselbe, dann Lehrer Maier. Weihnachts- und Jahresfest mußten in einer englischen Kirche gehalten werden, weil das Lokal zu wenig Raum hatte. Endlich beschlossen die dortigen Lehrer, ein größeres Lokal zu bekommen. Pastor Dr. Späth hielt einen Vortrag, wodurch $151.28 erzielt wurden. Dann wurden Gelder kollektiert und ein Grundstück an der Dauphin und 28. Str. gekauft, von 37½ Fuß Breite und 112 Fuß Tiefe, für $700, welches Karl Schneider als Trustee übernahm. Die deutsche luth. St. Paulus-Gemeinde bezahlte jährlich die Interessen für die $700. Der Bau einer Kapelle wurde beschlossen und am 3. Juli 1880 der Kontrakt abgeschlossen für $1050; dazu kamen noch andere Einrichtungen, so daß die ganze Summe $1300 betrug. Die Kapelle ist 25 Fuß breit und 40 Fuß tief.

Am 5. September wurde dieselbe eingeweiht. Da noch Bauschulden da waren, veranstalteten die Lehrer im Dezember 1880 einen Bazaar, welcher $334.66 einbrachte.

Am 3. Juli wurde der Versuch gemacht, nach der Sonntagschule Gottesdienst zu halten, welcher zuerst von Pastor A. Linß gefeiert wurde; später von Pastor M. Schimpf, der Abend-Gottesdienste einführte und bis Februar 1884 predigte. Ein Frauenverein wurde gegründet, welcher den Rest der Bauschuld durch Beiträge und Festlichkeiten (am 18. Januar 1883) tilgte. Die Gemeinde wurde bis dahin privat geleitet. Nun wurde die St. Markus-Gemeinde organisiert unter einem Verwaltungsr a t, welcher auf Wunsch der versammelten Gemeinde zusammengesetzt wurde aus 3 Gliedern der St. Johannis=Gemeinde und 3 Gliedern der St. Markus=Gemeinde und dem Pastor (Pastor Dr. Späth, K. Klenk, D. Schramm; und K. Schneider, F. Götsel und Ab. Kling=ler). Die Kapelle erhielt neue Bänke und wurde am 1. Januar 1884 kirchlich eingerichtet. Folgende Pastoren haben seither in der St. Markus=Gemeinde das Amt geführt:

Pastor Ernst Hartmann . . . . 1884—1885.
    "   Joh. Witke . . . . 1885—1887.
    "   Hermann Weigand . . . . 1888—1889.
    "   C. A. Gräpp . . . . 1889—heute.

Die St. Markus=Gemeinde war mit der Christus=Gemeinde ver=bunden. Die Pastoren predigten in den beiden Kapellen. 1889 wurde durch Pastor Weigand die Trennung vollzogen und seither be=dient Pastor C. A. Gräpp die St. Markus=Gemeinde allein. Sie hat 187 konfirmierte Glieder und auch eine Gemeindeschule von 32 Schülern. Frl. Gräpp ist Lehrerin. Die Sonntagschule zählt 170 Kinder und 15 Lehrer. Auch ein Jünglingsverein und ein Tabeaverein ist gegründet. Ein Bauverein sammelt Gelder, um später eine Kirche zu erbauen. Der Verwaltungsrat besteht aus: Pastor C. A. Gräpp, Präs.; Hein. Grabert, Sekr.; Karl Klenk, Schatzm.; Pastor Dr. Späth, Mich. Urban, Arnold, P. Klein, Rüben, Römhild. Die Zeit wird bald kommen, daß die St. Markus=Gemeinde den Verwaltungsrat auflöst und einen Kirchenrat er=wählt. Die Stadtmission unterstützt die Gemeinde mit einer jähr=lichen Zulage für Pastorengehalt von $350.

Hierbei ist noch zu bemerken, daß sämmtliche deutsche luth. Sonn=tagschulen und Gemeinden durch ihre Mildthätigkeiten den Bau der Kapelle, sowie das gedeihliche Fortkommen der Gemeinde kräftig unter=stützten.

13. Die deutsche luth. Christus-Gemeinde.

Pastor Hermann Weigand.

Unsere erste kleine, trauliche Kapelle stand an der 26. und Jefferson Straße. War's auch nur ein klein und ärmlich Ding, also daß mancher achtlos daran vorüberging, es herrschte doch großer Jubel beim Häuflein der Festgäste, als sie am 26. November 1882 zum Hause Gottes durch Pastor Dr. Späth feierlich geweiht wurde. Hatte doch nun die Christus-Sonntagschule, von der St. Johannis-Gemeinde 1874 gegründet, ein eigenes Heim gefunden! Und wieder war's ein Fest- und Freudentag, als zwei Jahre später sich die ersten Seelen zur Christus-Gemeinde verbanden und unter Pastor E. Hartmann am 30. Juni 1884 ihren ersten Gottesdienst feierten. Und zwei Jahre später ein neuer Dank- und Freudentag, als sie unter Pastor J. Witke durch Inkorporation am 26. Juni 1886 von der St. Johannis-Gemeinde unabhängig und selbständig wurde. Nun hatte es mit den Fest- und Freudentagen in der kleinen Kapelle ein Ende; sie konnte die Scharen der Kinder und die Menge der Andächtigen nicht mehr fassen. Und unter Pastor H. Weigand (seit Juni 1887) ging's an den Bau eines neuen Gotteshauses an der 26. Str. und Columbia Ave. Am 16. September 1888 wurde durch den Pastor der Gemeinde, unter Beteiligung der Pastoren Dr. Laird, Nibecker, Bender und Gerhart, der Grundstein gelegt und am Sonntag Quinquagesima 1889 fand die Einweihung des neuen Betsaals durch Pastor Grahn statt, wobei Prof. Dr. Mann die Festpredigt hielt.

Nun haben wir ein stattliches, schönes, freundliches Gotteshaus. Dem Herrn sei Preis und Dank! Unsere Gemeinde nimmt, besonders seit die pastorale Verbindung mit der Markus-Gemeinde (28. und Dauphin Straße) aufhörte (Oktober 1889), langsam aber stetig zu.

Die deutsche luth. Christus-Kirche.

Das heilige Amt haben in ihr verwaltet:

Pastor Ernst Hartmann . . . . 1884—1885.
   "   Joh. Witke . . . . 1885—1887.
   "   Herm. Weigand . . . . seit Juni 1887—heute.

Der Kirchenrat besteht gegenwärtig aus nachstehenden Gliedern: John Braun, Präs.; L. Huber, Sekr.; Geo. Klingelhöffer, Finanz=Sekr.; Gottl. Mößner, Gottl. Schmid, Jost Schmidt, Heinrich Temme, Elias Kaiser, Gottl. Gaebler, Anton Gerber, Harry Schmidt, Heinrich Siebott. Schatzmeister der Gemeinde ist Wilhelm Michel. Mit der Gemeinde verbunden sind:

(1) eine Sonntagschule, 200 Kinder und 23 Lehrer zählend. Supt. L. Huber; Abteilungs = Superintendenten: Gottlob Mößner für die Buchstabier= und Lautier=Abteilung; John Braun für die Lese= und Oskar Göhring für die Vorbereitungs=Abteilung. Harry Schmidt, Sekr.; Geo. Klingelhöffer, Schatzm.

(2) ein Frauenverein mit 30 Gliedern. Frau Caroline Wernle, Präs.; Frau Auguste Schuhpelz, Schriftf.; Frau Louise Sachse, Schatzm.

(3) ein Gesangverein, dessen Dirigent Oskar Göhring ist, und

(4) ein Lutherverein, mit 50 Gliedern. Präs., Harry Schmidt; Sekr., Wilhelm Mößner; Schatzm., Fräulein Gussie Huster.

Gegenüberstehendes Bild ist nicht ganz genau, indem die Phantasie des Zeichners dem unfertigen Bau den Turm hinzugefügt hat. Aber, wenn Du in diesen Tagen an unserm Gotteshause vorübergehst, so kannst Du Axt und Hammerschläge von innen heraus erschallen hören. Und will's Gott, ist der letzte Schlag bald gethan!

14. Die deutsche luth. Kreuz-Gemeinde.

Pastor Wald. R. Morenz-Oeser.

Im nördlichen Stadtteil wuchs zusehends die Stadt Philadel-
phia. Es wurden auch deutsche Kirchen von den Reformierten,
Methodisten, Baptisten 2c. gebaut, nur die luth. Kirche nahm das
Wachstum der Stadt an und über der Lehigh Ave. nicht wahr. Der
General-Sonntagschulverein griff am 18. Oktober 1886 das Arbeits-
feld an. Eine Komitee wurde ernannt und Pastor J. Heck wurde be-
rufen, der am 1. Advent in einem Lokale, 503 Lehigh Ave., den ersten
Gottesdienst hielt und die „Kreuz-Gemeinde" organisierte. Eine
Wochenschule mit 26 Schülern wurde von Lehrer H. Hansen zwei
Tage später eröffnet und am nächsten Sonntag drauf eine Sonntag-
schule mit 38 Kindern. Ein Bauplatz wurde an der 9. Str. und
Lehigh Ave. für $11,595 erworben. Die St. Paulus-Gemeinde ver-
zinste $3000 und ebenso die Zions-Gemeinde. Herr Lankenau gab
$1000, und Architekt G. Knoche entwarf den Bauplan. Am 22.
März 1887 fand der Spatenstich statt und abends in der Zions-
Kirche die Feier des 90. Geburtstages Kaiser Wilhelms I., wo-
bei Pastor Heck die Festrede hielt und eine Kollekte für die Kreuz-
Gemeinde erhoben wurde. Der erste Kirchenrat bestand aus Pastor
Heck, J. Kauffeld, Dr. C. Bauer, Wiest, Rupp, Lechel und Blum.

Ein Frauenverein wurde am 25. Januar 1887 organisiert.
Am Pfingstsonntag, den 28. Mai 1887, nahm die Gemeinde ihre
Kirchen- und Gemeinde-Ordnung an, auf Grund welcher sie am
5. Juni in die Synode von Pennsylvanien aufgenommen wurde. Am
13. Juni wurde sie gesetzlich inkorporiert.

Am Sonntag, den 3. Juli, fand die feierliche Ecksteinlegung
statt. Pastor Ribecker sprach das Weihegebet, Pastor Heck vollzog
die Ecksteinlegung, Dr. Späth hielt die Festrede, Pastor Bender sprach
das Schlußgebet, und Pastor Wischan erteilte den Segen.

Die deutsche luth. Kreuz-Kirche, wie sie werden soll.

Endlich war das Erdgeschoß, oder erstes Stockwerk fertiggestellt und die Gemeinde hatte nun ihr eigenes Gotteshaus, wenn auch vorerst nur halb, oder kaum halb vollendet. „Der Vogel hatte ein Haus gefunden und die Schwalbe ihr Nest!"

Am Sonntag, den 6. November 1887, konnte nun mit Gottes Hilfe die Einweihung des neuen Gotteshauses stattfinden. Pastor Heck vollzog die Weihe, und Pastor Grahn, Präses der deutschen Stadtmission, hielt die Festpredigt; außerdem beteiligten sich noch die Pastoren Wischan, Gerlach, Nidecker u. a. m.

Der Bau, ohne Grund und Mobiliar, hat $10,000 gekostet, und der kleinen, jungen Missionsgemeinde blieb, obgleich das Gebäude nur erst halb fertig war, doch eine Schuldenlast von mehr als $15,000.

Pastor Heck nahm einen Ruf an die Gemeinde in Steelton, Pa., an, und zog am 1. Oktober 1888 dahin. Sechs Monate blieb die Gemeinde vakant. Aus Sachsen sollte ein neuer Prediger kommen; nach langem Warten stellte es sich heraus, daß derselbe ungeeignet war. Inzwischen traten viele Gastprediger auf und Prof. Dr. Mann nahm sich der Gemeinde nach Kräften an. Endlich einigte man sich und wählte einstimmig Pastor Wald. R. M. Oeser von der St. Petri-Gemeinde in Archbald, Pa., der am 28. April 1889 das Amt antrat. Noch ein kleines Häuflein von 63 Mitgliedern war übrig und dazu eine Schuld von $16,000. Doch von Monat zu Monat wuchs die Mitgliederzahl und zählt nun 132 Familien. Die Schuld beträgt noch $14,000. Die Gemeinde hat bisher zwei Pastoren gehabt:

Pastor Johannes Heck,. . . . . 1886—1888.
Wald. R. M. Oeser, ... 1889—heute.

Die Sonntagschule zählt gegenwärtig 300 Kinder, die in drei Abteilungen von 21 Lehrern und Lehrerinnen unterrichtet werden. Die Beamten sind: J. Kauffeld, Superintendent; Friedr. Dambach, Sekr.; Ad. Waldmann, Schatzm.; Herm. Stoeß, Bibliothekar.

Die Gemeindeschule, die in der Kirche in einem dazu besonders abgeteilten Raum abgehalten wird, wird von 32 Schülern besucht. Lehrer Hansen resignierte am 1. Februar 1891. Der Pastor hielt mit wenig Unterbrechung selbst die Schule, bis Lehrer C. Strohm im Mai 1891 berufen wurde.

Eine große Hilfe und gute Stütze für die Gemeinde war bisher der Frauenverein. Derselbe zählt 60 Mitglieder. Der Pastor ist Vorsitzender; Frau H. Berlet, Sekretärin; Frau Marg. Engelke, Schatzmeisterin; Frau Menke und Frau Traub, Vorsteherinnen.

Seit dem 18. August 1890 besteht auch ein Jugendverein von 19 Jünglingen und 20 Jungfrauen in der Gemeinde, der die Aufgabe hat, die konfirmierte Jugend beiderlei Geschlechts bei der Gemeinde zu erhalten. Leiter des Vereins ist der Pastor; Vice-Präsident, Philipp Haibach; Sekretär, H. Menke; Schatzmeister, Geo. Engelke; Bibliothekar, Theo. Drobisch.

Die Beamten des Kirchenrats sind: J. Kauffeld, Präs.; J. Engelke, Vice-Präs.; Karl Heine, Sekr.; Heinr. Menke, Buchhalter; L. Gnau, Schatzmeister.

15. Die deutsche luth. Gemeinde in Tacony.

Im Sommer 1891 begann Pastor M. Schimpf von Frankford diese neueste Gemeinde ins Leben zu rufen. Er besuchte die Deutschen, lud sie ein zum Gottesdienst in eine Halle und gründete eine Gemeinde. Es wurde ein Kirchenrat erwählt, ein Frauenverein und Singchor gegründet. Die Sonntagschule hat 9 Lehrer und 45 Schüler. Im November schenkte die Familie Dißton einen Bauplatz, No. 680 und 681 an der Jason Straße, und bis Frühjahr soll eine Kirche gebaut werden.

16. Die deutsche luth. Zions-Gemeinde in Wilmington, Delaware.

Pastor Paul Isenschmid.

Die deutsche ev.-luth. Zions-Gemeinde in Wilmington, Del., wurde im Dezember 1848 von P. Fr. Walz, gegenwärtig in Sellersville, Pa., gegründet. Ihm folgten:

Pastor C. M. Jäger† . . . . 1852—1855.
   „   Thos. Stech . . . . 1856—1859.
   „   Dr. W. Haßkarl† . . . . 1859—1861.
   „   Joh. Kucher . . . . 1861—1864.
   „   H. Weichsel . . . . 1864—1867.
   „   H. B. Kuhn . . . . 1867—1870.
   „   P. Isenschmid, M.D. . . . . 1870—heute.

Dieses ist die zweite Kirche der Gemeinde. Da das erste von der Gemeinde errichtete Gebäude sich später als nicht zweckdienlich erwies, weil es nur e i n e n Raum besaß und die Gemeinde eine Alltagschule einrichten wollte, wurde es an eine Neger-Gemeinde verkauft und das gegenwärtige, ursprünglich ein öffentliches Schulhaus, angekauft. Hier wurde nun im Erdgeschoß die Wochenschule gehalten, der erste Stock als Kirche eingerichtet und der oberste Stock als Schulzimmer an die Stadt-Schulbehörde ausgemietet.

So blieb es bis 1873. Da wurde es der Gemeinde in dem niedrigen Raum zu enge. Man schritt zum Bauen. Die Decke wurde herausgeschnitten, der obere Stock hinzugenommen und mit gewölbter Decke versehen, hohe, gotische Fenster eingesetzt, eine Empore hineingebaut und so ein schönes, kirchlich aussehendes Gotteshaus gewonnen, wie es hier im Bilde vor uns steht.

Am 16. September 1873 wurde es eingeweiht. Pastor F. Wischan von Philadelphia hielt morgens die Festrede. Abends predigte der Pastor der Gemeinde in dem mit Blumen festlich geschmückten, bei beiden Gottesdiensten gedrängt vollen Gotteshaus. —

9

An einem der folgenden Abende predigte Pastor Walz, der Gründer und erste Pastor der Gemeinde, und feierte damit zugleich sein fünf= undzwanzigjähriges Amts=Jubiläum.

Im August 1880 wurde das bisher einförmig graue Gewand der Kirchenwände mit Fresko=Malereien geziert. Am 22. August zog die Gemeinde wieder in die verschönerten Räume ein.

Die deutsche luth. Zions=Kirche, Wilmington, Del.

Der 4. November 1888 war ein anderer Festtag der Ge= meinde. Die Ursache der Festfreude war angedeutet durch das in goldener Schrift aus grünem Laubwerk herniederschimmernde Wort „Schuldenfrei." Eine alte Schuld war abbezahlt worden und die Gemeinde schuldenfrei.

Die Gemeinde, ob auch klein, ist thätig; sie hat einen Frauen=

verein von über 120 Gliedern, deren Bemühungen zum großen Teil auch die Abzahlung der Kirchenschuld zu verdanken ist. Die gegenwärtigen Beamten des Vereins sind: Frau W. Krautter, Vorsitzende; Frau E. Rehfuß, Stellvertreterin; Frau Hamann, Schatzmeisterin; Frau K. Isenschmid, Schreiberin.

Die Sonntagschule, deren langjähriger, treuer Superintendent, Herr Fr. Weil, sen., ist, hat über 200 Glieder. Die Abteilung der Kleinen ist unter der Aufsicht der Frauen Isenschmid, Hilbiber und Fräul. Mary Mörk. Sekretär und Schatzmeister der Sonntagschule ist Herr Heinrich Busch.

Der Jugendverein besteht aus jungen Leuten beiderlei Geschlechts, die alle zwei Wochen zusammenkommen zur Belehrung und geselligen Unterhaltung und regen Anteil nehmen an der Arbeit der Gemeinde.

17. Die deutsche luth. Dreifaltigkeits-Gemeinde in Camden.

Pastor J. E. Dizinger.

Unter den deutsch-lutherischen Kirchen in und um Philadelphia, die zur Synode von Pennsylvanien gehören, ist auch die Dreifaltigkeits-Kirche in Camden, N. J., zu nennen. Die Kirche steht im Mittelpunkt der Stadt Camden an einer Hauptstraße (Stevens Straße, zwischen Fünfter und Broadway), ist von Trenton Braunstein im gotischen Stil erbaut, hat eine Größe von 40 bei 60 Fuß, mit Sitzraum für 500 Personen. Der Turm ragt 80 Fuß in die Höhe, auf beiden Seiten ist ein Hof von 20—120 Fuß; hinter der Kirche, in einem freien Raume, steht das Schulhaus, das für 180 Kinder berechnet ist.

Ein Anfang wurde schon im Jahre 1852 durch Past. Georgie ge-

macht, der aber fehlschlug; auch predigte Dr. W. J. Mann gelegent=
lich an Sonntag=Nachmittagen. Aber erst mit der Ankunft von
Past. F. Herold aus Deutschland, im Herbst des Jahres 1857, der von
der Synode als Missionar für Canada angestellt wurde, gelang das
Werk. Am ersten Advents=Sonntag 1857 organisierte er die Ge=
meinde und baute eine Kirche für $8000. Die Gemeinde hatte beim
Kirchbau mit großen Schwierigkeiten zu kämpfen. Die Anzahl der
Mitglieder war klein, meistens ganz unbemittelte Leute.

Da die Gemeinde höchstens $2000 aufbringen konnte, so mußte
Past. Herold sich auf Kollektionsreisen begeben; er besuchte die Ge=
meinden in Philadelphia, Reading, Allentown und andern Orten, es
gelang ihm immer eine Summe heimzubringen, womit der Baumeister
seine Arbeit wieder fortsetzen konnte. Es nahm über ein Jahr, bis
das Mauerwerk fertig war, und dann wieder ein Jahr, bis das Dach
darauf kam. Endlich, im Herbst 1861, gelang es durch ein Anleihen
von $500 aus dem Kirchenfond der General=Synode, den Bau zu
vollenden. Am 6. Okt. 1861 fand die Einweihung statt. So man=
ches fehlte, was man ungern in einer Kirche entbehrt. Da war kein
Taufstein, keine Orgel und in der Mitte der Kirche waren keine
Stühle. Dazu war das Dach so mangelhaft, daß Regen und Schnee
durchdrang und in die Kirche herabtropfte. Um die Kirche her sam=
melte sich in Regenzeiten ein förmlicher See. Große Opfer waren
gebracht und doch stand nur ein unvollendeter Bau mit einer Schuld
von $3000 da. Im Jahr 1864 wurde das Schulhaus gebaut
und ein Lehrer angestellt.

Im August 1865 wurde Pastor Herold nach Illinois berufen und
der gegenwärtige Pastor, J. C. Dizinger, erwählt. So hat denn
die Gemeinde bisher nur zwei Pastoren gehabt:

P. F. Herold von .   . 1857—1865.
P. J. C. Dizinger . . . . 1865—heute.

Auch seither hat der Segen Gottes sichtlich auf der Gemeinde
geruht. Im Jahre 1866 wurde die Kirche ausgebessert und die $500

Die deutsche luth. Dreifaltigkeits-Kirche in Camden, N. J.

der General-Synode zurückerstattet. Im Jahre 1868 mußten $2000 bezahlt werden. Die Gemeindemitglieder waren sehr willig; manche gaben $10, $20 und mehr, andere liehen diese Summen auf fünf Jahre ohne Zinsen; manche arme Witwen brachten, was sie in der Sparkasse hatten, daß die Gemeinde den Nutzen davon hätte, bis zu ihrem Begräbnis, und es ist Wort gehalten worden. 1870 wurden die Grundstücke auf beiden Seiten der Kirche gekauft, um der Kirche und Schule einen offenen Raum zu erhalten und auch, wenn in Zukunft möglich, ein Pfarrhaus darauf bauen zu können. Der Kaufpreis, $1500, wurde in zwei Jahren zusammengebracht. 1872 hatte die Gemeinde nur noch eine Schuld von $400. Jetzt war es auch Zeit, eine durchgängige Reparatur vorzunehmen. Mindestens $3000 waren nötig. Eine Anleihe wurde gemacht, die Arbeit im April angefangen und im August konnte die Gemeinde ihr erneuertes Gotteshaus wieder beziehen. Die Kirche hat jetzt ein gar freundliches und echt kirchliches Aussehen, sie ist eine Zierde der Straße, an der sie steht.

Die Orgel kaufte sie von der St. Paulus-Gemeinde in Philadelphia. Eine hübsche Kanzel wurde 1881 angefertigt. Am 1. April dieses Jahres (1891) wurde die Gemeinde zinsenfrei; es verbleibt nur noch eine Schuld von $500. Die Gemeinde zählt 450 Glieder, die Gemeindeschule 35 Kinder, die Sonntagschule 30 Lehrer und Lehrerinnen und 250 Kinder, die in drei Abteilungen unterrichtet werden.

Im Sommer des Jahres 1879 wurde von P. Dizinger einmal des Monats in Wrightsville, einer Vorstadt von Camden, den dort wohnenden Gliedern eine Sonntag-Abendpredigt gehalten. Jetzt ist in dem dazu gehörenden Pavonia die Christus-Gemeinde entstanden.

18. Die deutsche luth. Christus-Kirche, Cramer Hill, New Jersey.

Paftor Heinrich Offermann.

Auf den Hügeln, welche das dem nördlichen Stadtteile Philadel=
phias gegenüber liegende Ufer des Delaware umsäumen, etwa zwei
Meilen oberhalb Camden, erhob sich zu Anfang der 80ziger Jahre
eine kleine Ansiedlung, die infolge des starken Zuzugs namentlich auch
deutscher Lutheraner aus der nahen Großstadt rasch aufblühte und,
obwohl einem anderen Staat angehörig, doch zu den vielen Vororten,
welche die Stadt Philadelphia wie ein Kranz umgeben, gerechnet
werden darf. Hier wurde am Ofterfonntag 1887 auf Anregung des
Herrn Paftor Wifchan in Philadelphia, in einem öffentlichen Schul=
haufe die deutfche evangelifch=lutherifche Chriftus=Ge=
meinde gegründet und nach der Ordnung unferer lutherifchen Kirche
der erfte deutfche Gottesdienft gehalten. Wenige Tage fpäter er=
wählte fich diefe Gemeinde Herrn Kandidat C. A. Behrens zu ihrem
Paftor, der bei der nächften Verfammlung der Synode von Pennfyl=
vanien ordiniert wurde und mit der Gemeinde fich der genannten
Synode anfchloß. Am 2. Oftober desfelben Jahres fand die Eck=
fteinlegung der Kirche durch Paftor Behrens ftatt, an welcher die
Paftoren Weisfotten und Bender aus Philadelphia teilnahmen. Am
15. Januar 1888 fonnten bereits die unteren Räume des Gottes=
haufes eingeweiht werden. Dabei waren anwefend die Paftoren
Nidecker und Sibole aus Philadelphia und Paftor Ander aus River=
fide, N. J. Kurz darauf wurde auch eine deutfche Gemeindefchule
eröffnet, die aber nachmals wieder einging. Das Beftreben der
Gemeinde in den folgenden Jahren richtete fich auf den Ausbau der
noch immer unvollendeten Kirche. Am 31. Mai 1891 fonnte diefelbe
unter Paftor Offermann endlich, nachdem der Turm bereits am Ofter=
feft 1890 eine Glocke erhalten hatte, mit Altar, Kanzel, Taufftein,

Orgel und Bänken dem gottesdienstlichen Gebrauch übergeben werden. Herr Dr. Mann aus Philadelphia hielt an diesem Tage die Festpredigt. Außerdem beteiligten sich an den mit dieser Feier verbundenen Gottesdiensten noch die Pastoren Drechsler, Hellwege, von Bosse und Wischan. Die Gemeinde entwickelt sich seitdem in ruhiger und geordneter Weise.

Folgende Pastoren haben an der Gemeinde amtiert:

Pastor E. A. Behrens . . . . 1887—1888.
       "   E. A. Gräpp . . . . 1888—1889.
       "   H. Offermann . . . . 1889—heute.

Zur Zeit ist mit der Gemeinde verbunden eine Wochenschule, eine Sonntagschule, ein Frauenverein und ein Singchor. Die Wochenschule, die seit Ostern 1891 besteht, wird von 30 Kindern besucht. Lehrer derselben ist Herr W. H. Gehrke. Die Sonntagschule zählt 150 Kinder und 14 Lehrer. Ihre Beamten sind: K. Lange, Superintendent; W. Lemmermann, Sekretär und B. Hettel, Schatzmeister. Der Frauenverein zählt 20 Glieder mit folgenden Beamten: Frau Haag, Präsidentin; Frau Baumann, Vice-Präsidentin; Frau Buren, Sekretärin und Frau Lange, Schatzmeisterin. Der Singchor besteht aus 12 Mitgliedern. Präsident, A. Göbel; Sekretär, H. Schönfeld.

Die jetzigen Beamten des Kirchenrats sind: H. Ladewig, Präsident; J. Mohrfeld, Vice-Präsident; L. Darmstädter, Finanz-Sekretär; W. Lemmermann, protokollierender Sekretär; K. Irle, Schatzmeister.

———

Auch die deutsche luth. Zions-Gemeinde in **Riverside**, N. J., wird von Pastor H. Offermann bedient.

Zwei andere luth. Gemeinden in **Hainesport** und in **Woodbury**, N. J., haben Pastor C. J. G. Drechsler zu ihrem Seelsorger.

19. Das Diakonissenhaus und seine Kapelle.

Pastor A. Cordes.

Wenn wir die luth. Kirchen Philadelphias aufzählen, dürfen wir das neueste und wohl schönste Gotteshaus nicht vergessen: die Kapelle im Mary J. Drexel Heim und Diakonissen-Mutterhaus. Es werden hier lutherische Gottesdienste nach altkirchlicher Ordnung gehalten. Die Kapelle ist lediglich Anstaltskapelle. Leute, die nicht zur Anstalt gehören, nehmen am gottesdienstlichen Leben, dessen Mittelpunkt die Kapelle ist, nur als Gäste Teil. Das Mary J. Drexel Heim ist das erste lutherische Diakonissen-Mutterhaus in Amerika. Unter demselben Dache befinden sich als Stationen des Mutterhauses ein Altenheim, ein Kinderhospital und eine Mädchenschule. Die Anstalt samt ihrer Kapelle wurde erbaut und wird erhalten von Herrn J. D. Lankenau. Die Oberleitung der Anstalt liegt in den Händen eines Verwaltungsrats, dessen Präsident Herr Lankenau ist. Rektor der Anstalt und Pastor der Hausgemeinde ist A. Cordes. Die Einweihung der Anstalt samt der Kapelle und die Einführung des Rektors fanden am 6. Dezember 1888 statt. In der Kapelle finden sonntäglich ein Vor- und ein Nachmittags-Gottesdienst und täglich während der Woche ein Abendgottesdienst statt. Das heilige Abendmahl wird in der Regel jährlich achtmal gefeiert. Als Vikar ist Herr Pastor A. Blum dem Rektor zur Seite gestellt.

Am 19. Juni 1884 kamen durch die Bemühungen des deutschen Konsuls, Herrn Chas. A. Meyer, die ersten 6 Diakonissen mit ihrer Oberin von Iserlohn in das Deutsche Hospital in Philadelphia. Herr J. D. Lankenau wollte eine Heimstätte für Altersschwache (Mary J. Drexel Heim) gründen und verband nun mit dem Plan das Diakonissenwerk. Er ließ den Prachtbau aufführen. Am 11. November 1886 wurde der Grundstein gelegt und am 6. Dezember 1888 geschah die Einweihung. Am ersten Donnerstag im Oktober wird

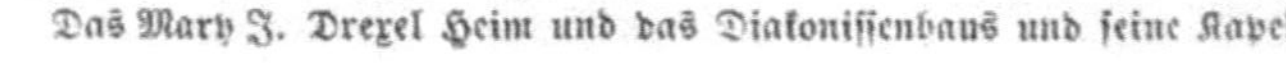

Das Mary J. Drexel Heim und das Diakonissenhaus und seine Kapelle.

das Jahresfest des Diakonissenhauses gefeiert und die Einsegnung der Schwestern vollzogen, die ihre Probezeit bestanden haben. Die Schwestern arbeiten im Deutschen Hospital, im Kinderhospital, im Altenheim, in der Töchterschule, in der Gemeindepflege, in der Kinderkrippe und im Hospital in Easton. Es sind gegenwärtig 15 Diakonissen, 14 Hilfsschwestern und 9 Probeschwestern in der Anstalt, welche auf folgenden Stationen arbeiten:

1. Im Deutschen Hospital, 150 Patienten, 26 Schwestern.
2. Im Kinder-Hospital, 32 Patienten, 6 Schwestern.
3. Im Altenheim, 36 Insassen, 1 Schwester.
4. In der Töchterschule, 40 Schülerinnen, 1 Schwester.
5. In der Gemeindepflege, St. Paulus und Zion, 2 Schwestern.
6. Kinderkrippe, Germantown, 12 Kinder, 2 Schwestern.
7. Hospital in Easton, Pa., 8 Patienten, 2 Schwestern.

Die Aufnahme und Ausbildung. Im Philadelphia Mutterhaus werden christliche Jungfrauen oder Witwen vom 18. bis 40. Lebensjahr aufgenommen. Man melde sich beim Rektor der Anstalt. Einzusenden sind: Taufschein, Einwilligung der Eltern, Zeugnis des Pastors, des Arztes und geschriebener Lebenslauf. Beim Eintritt erfolgt eine Vorprobe von 6 Wochen; dann wird die Eingetretene 1 Jahr lang Probeschwester, darauf als Hilfsschwester eingekleidet und wird im 3. oder 4. Jahr als Diakonissin eingesegnet. Sie erhält keinen Lohn; aber freie Station, Kleidung, ein Taschengeld und lebenslängliche Versorgung. Jedes Jahr erhalten die Schwestern einen Urlaub zur Erholung von einem Monat. Die Probeschwestern erhalten einen tüchtigen Unterricht in Religion, Schulfächern und Arzneikunde.

Es hält sehr schwer, daß hier aufwachsende Mädchen sich dem Diakonissendienst widmen. Von den 15 eingesegneten Schwestern sind 14 in Deutschland geboren und eine hier. Von den 14 Hilfsschwestern sind 2 in Amerika geboren, und von den 9 Probeschwestern haben 2 ihren Geburtsort in Amerika.

Verzeichnis der Schwestern in Philadelphia.

Name.	Geburtsort.	Zeit des Eintritts.	
Diakonissen:			
1. Wanda von Oertzen, Oberin	Roggow, Mecklenb.=Schwer.	Mai	1888
2. Wilhelmine Dittman . . .	Neuwied, Rheinprovinz. . . .	Juni	1884
3. Marianne Krätzer	Herzgerode, Anhalt=Bernb. . .	Juni	1884
4. Magdalene von Bracht . .	St. Vieth, Rheinprovinz . .	Juni	1884
5. Alma Rohmann	Eibau, Sachsen	Juni	1884
6. Bianca Marggraf	Marienspring, Brandenb. . .	Nov.	1884
7. Katharine Bossert	Bischoffingen, Baden . . .	Jan.	1885
8. Lina Rieger	Schützingen, Württemb. . . .	Febr.	1885
9. Maria Sowa	Kurkau, Ostpreußen	Jan.	1886
10. Anna Baumgarten . . .	Waldheim, Sachsen	Febr.	1886
11. Emilie Schwarz	Stuttgart, Württemberg . .	Juli	1889
12. Magdalene Steinmann . .	Doberan, Mecklenb.=Schwer. .	Sept.	1889
13. Else Dodenhoff	Baden, Hannover	Jan.	1887
14. Christiane Dörr	Lancaster, Pa., Ver. Staaten .	März	1887
15. Elisabeth Frischmuth . .	Gotha, Sachsen	Mai	1887
Hilfsschwestern:			
16. Emma Carlson	Stockholm, Schweden	Sept.	1886
17. Karoline Klöppling . . .	Henfstadt, Sachsen=Mein. .	Febr.	1888
18. Anna Lenz	Schwachenwalde, Pomm. . .	März	1888
19. Rosa Dietrich	Klein=Rußdorf, Sachsen . .	Aug.	1888
20. Marie Trojan	Ober=Plehnen, Ostpr. . .	Nov.	1888
21. Magdalene Käsewurm . .	Karklopan, Polen, Rußland . .	März	1889
22. Hulda Ptaschinska . .	Krotoschin, Posen	Juni	1889
23. Anna Lohmann . . .	Kassel, Hessen=Kassel	Aug.	1889
24. Maria Röck	Philadelphia, Pa., Ver. St. .	Okt.	1889
25. Hanna L. Schroth . . .	Allentown, Pa.	Jan.	1890
26. Katharine Mayrer . . .	Pfeddersheim b. Worms a. Rh.	Febr.	1890
Probeschwestern:			
27. Laura Baer	Long Swamp, Pa.	März	1890
28. Lydia Klein	Baldenheim, Elsaß	März	1890
29. Maria Koeneke	Steinau, Hannover	Mai	1890
30. Minna Nordhoff	Bielefeld, Westfalen	Juli	1890
31. Mary Barbehenn	Gettysburg, Pa.	Juli	1890
32. Anna M. Enderlein . . .	Landsberg, Brandenb.	Juli	1890
33. Louise Frey	Hoffenheim, Baden	Sept.	1890
34. Veronika Eich	Oberhilbersheim, Hess.=Darmst.	Okt.	1890
35. Margaretha Weller . . .	Waldsheim, Württemb.	März	1891

Andere lutherische Gemeinden.

Vorstehende Gemeinden sind deutsch und gehören zur Synode von Pennsylvanien. Außer diesen hat es nicht weniger als 16 englische Gemeinden, welche gleichfalls zur Pennsylvania-Synode gehören. Uns stehen die Data nicht zur Hand, dieselben alle zu beschreiben; auch würde es den Rahmen unseres Büchleins überschreiten. Wir nennen hier die Namen der Pastoren: Dr. J. A. Seiß, Dr. S. Laird, S. A. K. Francis, W. A. Schäffer, J. D. McAtee, J. L. Sibole, E. E. Sibole, J. F. E. Fluck, C. J. Hirzel, R. Hill, E. R. Cassady, S. Ziegenfuß, L. H. Geschwind, E. H. Gerhart und T. W. Kretschman.

Die Generalsynode hat 7 englische Gemeinden in Philadelphia mit den Pastoren: Dr. W. H. Baum, Dr. E. Huber, S. G. Shannon, G. Sill, S. A. Holman, Dr. L. E. Albert, J. S. Manhart.

Zwei Gemeinden in Philadelphia gehören der Missouri-Synode an. Beide sind deutsch. Die eine im untern Stadtteil bedient Pastor O. Schröder und an der andern im nördlichen Stadtteil steht Pastor E. Merkel. Beide haben Gemeindeschulen.

Eine luth. Gemeinde ohne synodale Verbindung ist die unabhängige St. Paulus-Gemeinde, welche 1870 Pastor E. Riecke gründete und die seit 1875 Pastor G. Müller bedient.

Dann besteht die schwedische luth. Zions-Gemeinde mit einer hübschen Kapelle in der 9. Str., nahe der Springgarden Straße. Die lutherischen Schweden bauten die erste Kirche in Philadelphia. Es war ein Blockhaus. 1677 wurde diese Kirche gebaut. Später, im Jahre 1700, bauten sie eine neue Kirche aus Steinen, welche heute noch steht und als „die alte Schweden-Kirche“ bekannt ist. (Siehe das Bild der Kirche, Seite 26.) Sie steht an der Swanson Straße, unterhalb der Christian Straße. Leider ist diese Kirche und das ganze Eigentum der Schweden in die Hände der Episkopalkirche gefallen. Alle die alten luth. Schwedenkirchen am Delawarefluß sind jetzt Episkopalkirchen.

Das alte Seminar in Philadelphia, von 1867—1889.

Fest=Predigt

beim

100jährigen Jubiläum der deutschen luth. Zions-Kirche in Phila=delphia, am 13. Mai 1866.

Von Pastor Dr. G. F. Krotel.

Andere haben gearbeitet, und ihr seid in ihre Arbeit gekommen.
Ev. Joh. 4, 38.

So sprach der große Säemann zu den ersten Schnittern im großen Erntefeld der Welt. Er hatte soeben Samen gestreut am Jakobsbrunnen, obwohl Er müde war von der Reise, denn Er konnte von Herzen sagen: „Meine Speise ist die, daß ich thue den Willen deß, der mich gesandt hat, und vollende Sein Werk." Er sah hin über das Feld, durch welches die Samariterin gegangen war, und das schon von der zukünftigen Ernte predigte, aber Seines Geistes Auge schaute zugleich ein anderes Feld, reichend vom Jakobsbrunnen bis ans Ende der Welt, in welchem lebendige Menschenseelen der großen Ernte des jüngsten Tages entgegenreiften. Er erblickt in den herausströmenden Samaritern die Erstlinge der Ernte, die Seine theuren Schnitter in Samarien, im südlichen Lande, und unter allen Heiden sammeln würden. Darum stehen auch die Jünger jetzt vor Seinem Geiste, mehr als Schnitter denn als Säeleute. Freilich sollten sie auch aus=gehen um den guten Samen Seines Wortes auszustreuen, aber für diese Zeit sind sie Ihm Schnitter, — denn Er denkt an die Ernte! Darum spricht Er zu ihnen: „Hebet eure Augen auf, und sehet in das Feld, denn es ist schon weiß zur Ernte. Und wer da schneidet, der empfähet Lohn, und sammelt Frucht zum ewigen Leben, auf daß sich mit einander freuen, der da säet und der da schneidet. Denn hier ist der Spruch wahr: dieser säet, der andere schneidet. Ich habe euch

gesandt, zu schneiden, das ihr nicht habet gearbeitet; andere haben ge=
arbeitet, und ihr seid in ihre Arbeit gekommen.“ Er sendet sie aus
zu schneiden, Frucht zu sammeln zum ewigen Leben, Lohn zu empfan=
gen und Erntefreude zu genießen, — aber Er will sie auch erinnern
demütig zu bedenken, daß ihre Erntearbeit und Erntefreude durch die
treue Vorarbeit und das fleißige Säen anderer Hände möglich wurde.
Denket nicht — will Er ihnen zurufen — daß ihr die Ersten seid, daß
euch die Ehre gebühret; daß ihr euch des Anfangs dieses Werkes
rühmen könnt. „Ich habe euch gesandt, zu schneiden, das ihr nicht
habet gearbeitet; andere haben gearbeitet, und ihr seid in ihre Arbeit
gekommen!“

„Andere!“ Wer waren diese? Manche denken an Johannes
den Täufer, an die Propheten des Alten Bundes, und insbesondere
an Moses und seine heiligen Schriften. Jedoch, obwohl wir das
gnadenreiche Vorbereitungswerk Gottes unter Seinem Bundesvolke
und allen umliegenden Ländern und Völkern nicht verkennen und
vergessen, so denken wir am ersten und liebsten an Einen, der sich
gleichsam aufs demütigste unter diesem Worte „andere“ verhüllt.
Er war ja der Herr des Ackers; Er allein brachte zuerst den leben=
digen Samen des Evangeliums; Er war der erste und beste Säe=
mann des Neuen Bundes; Er war der Grund= und Eckstein, sowie
der grundlegende Baumeister; Er hatte ihnen vorgearbeitet mit
Lehre, Leben, Mühe, Sorge, Leiden und Sterben. Er ist das ins
Erdreich gesenkte Weizenkorn, und Sein heiliges Märtyrerblut ist der
Same der Kirche. Er hatte die saure Mühe des Säens — sie
sollten schon schneiden. Auch hier sollte der Spruch wahr werden:
„Dieser säet, der andere schneidet.“

Ja! der Spruch war immer wahr, und so auch die Worte des
Textes. So war es schon im Alten Bunde. Jedes Geschlecht erntet
die Saat des vorhergegangenen, und säet Samen für eine zukünftige
Ernte. Die Propheten weisen uns auf Moses; Moses weist uns auf
die Patriarchen, und diese hinüber in die Frühlings= und Jugendjahre

der Menschheit vor der Flut; und selbst die ersten Eltern stehen in dem weißen, lieblichen Erntefeld des Paradieses, mit der Überzeugung — andere, himmlische und göttliche Hände haben gearbeitet, und wir sind in ihre Arbeit gekommen!

So sollte es auch sein nach der Jünger Zeit. Sie, die Schnitter in des Herrn Arbeit, sollten Säeleute werden, um künftigen Schnittern vorzuarbeiten. Jedes Geschlecht in den kommenden Jahrhunderten der Christenheit ist „erbauet auf den Grund der Apostel und Propheten, da Jesus Christus der Eckstein ist."

Mit Luther und seinen Mitarbeitern ging wohl eine neue Zeit an, aber auch sie bekannten mit demütigem Danke, daß andere, Väter, und Zeugen und Märtyrer, Reformatoren vor der Reformation, in manchem Lande, durch manches Jahrhundert, unter mancherlei Drangsalen und Kämpfen, ihnen vorgearbeitet hatten, und ließen es nie aus dem Gedächtnis: „Andere haben gearbeitet, und wir sind in ihre Arbeit gekommen!" Und wir, die wir uns Protestanten, evangelisch-lutherische Christen nennen, wie hoch geziemt es uns, in unserer goldenen Freudenernte, der Säeleute des 16. Jahrhunderts mit heißem Danke zu gedenken!

Ja, das Wort ist in jeder Beziehung wahr! Das Erntefeld der Wissenschaft, der Kunst, und der bürgerlichen Freiheit, es predigt von vergangener Saatzeit und vorarbeitenden Säeleuten. Das lebende Geschlecht in einem blühenden, herrlichen Garten Eden, den andere Hände gepflanzt und geschmückt haben. Wir haben unsere Kultur und Städte nicht erst zu schaffen, denn „andere haben gearbeitet, und wir sind in ihre Arbeit gekommen!"

Wir blicken um uns an diesem Jubeltage, in diesem ehrwürdigen Zion, mit Maien geschmückt zum hundertjährigen Feste; — des Winters und des Frühlings Grün, der Blumen Pracht und Duft, die Worte der Kunst, und die herzergreifenden Töne Zions umgeben und begrüßen uns, die wir heute als Festgäste erschienen, und indem wir dieses alles schauen und genießen, fühlen und sprechen wir, in

10

diesen Vorbereitungen haben auch andere, geschickte, fleißige und liebe Hände gearbeitet, und wir sind, als Genießende, in ihre Arbeit gekommen!

Aber wir erblicken auch, hinter dem festlichen Schmucke, die ehr=würdigen Mauern dieses hundertjährigen Gotteshauses, das heute Raum und Genuß für so viele Tausende giebt; und alles, was dieser großen Gemeinde als Erntesegen und Besitz, in Kirche und Schule, in Haus und Grund, in Gaben für Zeit und Ewigkeit ge=schenkt ist, und rufen: Ja! der Spruch ist wahr: „Dieser säet, der andere schneidet; andere haben gearbeitet, und wir sind in ihre Arbeit gekommen!"

Deswegen, Geliebte, habe ich auch diesen Text gewählt, dessen Geist uns auch aus dem von euren lieben Seelsorgern verfaßten „Fest=Gruß" entgegenhaucht. Denn an diesem Tage geziemt es uns, Blicke zu werfen in die Geschichte der Gemeinde; auf die reiche Ernte, die uns umgiebt; und auf die Aufgabe, die wir zu lösen haben.

Erinnerungen und Mahnungen beim Zions=Jubiläum.

1. Erinnerungen, durch das Wort: „Andere haben gearbeitet."
2. Mahnungen, durch das Wort: „Und ihr seid in ihre Arbeit gekommen."

1. Erinnerungen.

Das Wort erinnert uns an die Arbeiter. „Andere haben gearbeitet." Wir halten heute Jubiläum! Wir sollen uns heute richten nach dem Spruch Mosis: „Gedenke der vorigen Zeit bis daher, und betrachte, was Er gethan hat an den alten Vätern." Wir sollen reden von der vorigen Zeit, von den Vätern, Gründern, Vor=arbeitern und Säeleuten dieser Gemeinde. Nicht als ob auch nur einen Augenblick von dem der jetzt redet, oder von seinen Zuhörern gedacht werden sollte; die Lebenden, das gegenwärtige Geschlecht hat nicht gearbeitet und arbeitet nicht! Nein, Brüder und Schwestern! ich sehe vor mir solche, die als Schnitter und Säeleute gearbeitet haben, und noch arbeiten; ich weiß, es sind solche hier deren Arbeits= tag hinanreicht bis an der Väter Zeit. Nicht vergessen und gering= schätzen wollen wir daher eure Arbeit,—aber—an d i e s e m Tage wollen wir von euch hinwegsehen, und nur von den Dahingegangenen reden.

Und wen sollen wir zuerst nennen unter diesen „anderen," die hier gearbeitet haben? Haben wir nicht das Recht, ja ist es nicht unsere Pflicht, die Hirten, Prediger und Seelsorger obenanzustellen? Ihre Arbeit machte den Anfang, und war unumgänglich notwendig, vor der Maurer=und Zimmermannsarbeit am äußerlichen St. Micha= elis und Zion. Hier war Gottes Ackerwerk und Gottes Gebäude — ein geistliches Ackerwerk und ein geistlicher Bau! Hier mußte zuerst Jesus Christus als Grund= und Eckstein in die Herzen gelegt werden; hier mußten zuerst die lebendigen Steine gesammelt und auf diesen Eckstein gebauet werden, ehe vor 123 Jahren der Grundstein zu St. Michaelis, und vor hundert Jahren der Eckstein zu diesem Zion ge= legt werden konnte!

Hier mußte nicht nur der äußere, sondern der innere, geistliche, lebendige Bau aufgeführt werden, und diese Baumeister mußten bauen Gold, Silber und Edelsteine, so das Werk stehen sollte. Sie sammel= ten die zerstreuten Steine, und fügten sie, mit Gottes Hülfe, in den ewigen und einzigen Eckstein. Sie streuten den Samen in diesem abendländischen Ackerfeld, und sie wachten über die Saat, bis daß die Ernte heranreifte. Sie bauten an den Mauern des geistlichen Zion; sie arbeiteten an dem unsichtbaren, inwendigen Menschen, der nach und nach, in der Kraft dieses innern Lebens, das äußere und sichtbare Werk schuf. Wenn nicht mehr gebaut wird, durch Wort und Sakra= ment, durch treue Diener des Worts; wenn nicht mehr gewacht wird über die lebendigen Seelen, dann ist alle andre äußere Arbeit um= sonst. Wie lange hätten wohl noch die verzagten Lutheraner in jener

Schreinerwerkstätte in der Arch Straße Zusammenkünfte gehalten, wenn der treue Mann Gottes, Heinrich Melchior Mühlenberg, nicht mit Gottes Wort und in Gotteskraft ein neues Leben in ihnen erweckt hätte, und durch Erbauung des inwendigen Menschen den äußern Bau möglich gemacht hätte? Billig erinnern wir uns deshalb zuerst der Prediger dieser Gemeinde.

Sechzehn Prediger haben dieser Gemeinde in den verflossenen 124 Jahren gedient; von welchen fünf nach im Diesseits und zwei im Dienste der Gemeinde sind. Die irdischen Hüllen von fünf ruhen vor dem Altar der St. Michaelis-Kirche; dort mögen sie auch sanft und ungestört ruhen bis zur seligen Stunde der Auferstehung!

Heinrich Melchior Mühlenberg — Vater Mühlenberg — legte in Gottes Namen den Grundstein, und Brunnholtz, Heintzelmann, Handschuh, Schultze, Kunze, Mühlenberg der Jüngere, Helmuth, Schmidt, Schäffer und Demme, unter den Gestorbenen, haben darauf gebaut. Diese alle haben in der Gemeinde, und viele von ihnen hier in Zion, gearbeitet. Viele von euch, Geliebte, können sich das Bild der Letztgenannten vergegenwärtigen. Ihr gedenket der männlichen Kraft, des deutschen Ernstes und der wunderbaren Beredsamkeit des zuletzt Dahingeschiedenen, der vor kurzer Zeit vor diesem Altare in seinem Sarge lag. Noch viele erinnern sich an die unvergeßlichen Kinderlehren eines Helmuth, aber wo sind die Väter und Mütter, die das Angesicht der Urväter dieser Gemeinde schauten? Aber ihre Namen und Gottesthaten leben noch in der Gemeinde und in der Geschichte der lutherischen Kirche dieses Landes; und wenn wir heute von „anderen" die uns vorgearbeitet haben, reden, so nennen wir diese teuren, ehrwürdigen Diener am Wort zuerst!

Aber wir reden nicht nur von Predigern! Wir denken an die Arbeit an den jungen Seelen; an die Saat in jugendlichen Herzen; an die treuen Arbeiter an den zarten Pflanzen in Gottes Weinberg und Ackerwerk. Schon im Jahr 1744 hielt ein Herr Vigera Schule in der Gemeinde, und wieder und wieder, in der alten Geschichte der Gemeinde, werden die Namen der treuen Lehrer der Jugend ange= führt. Ja, auch diese treuen Hirten der Lämmer, deren Namen auf Erden jetzt beinahe vergessen, aber im Himmel angeschrieben sind; deren köstliche Arbeit von so vielen verkannt und geringschätzt wird, die aber den Seelsorgern treulich an der Seite standen und in die Hände arbeiteten, — sollen bei unserem Jubiläum unter den „An= deren" nicht vergessen werden!

So gab es auch in diesem Jahrhundert treue Ältesten und Vor= steher, die als Kirchenrat das Werk Gottes und der Lehrer förderten. Ehe Mühlenberg in dieses Land kam, gab es schon solche, die den hir= tenlosen Gemeinden mit Rat und That vorstanden, nach Europa um tüchtige Seelsorger sandten, in der alten Schwedenkirche Mühlenberg bewillkommten, und ihm und seinen Nachfolgern treu an der Seite standen. Ja, unter den „anderen" sollen auch stehen und nie ver= gessen werden die teuren Männer, die Zeit und Rat und reiche Ga= ben, als Leiter und Vertreter ihrer Brüder, dem Herrn und Seiner Gemeinde darbrachten. Wohl der Gemeinde, die mit treuen Kirchen= räten gesegnet ist!

Und sollten wir vergessen die große Schar der Väter und Müt= ter, der Jünglinge und Jungfrauen, die in vergangenen Zeiten gebe= tet, gegeben und gearbeitet haben, zur Gründung und zum Aufbau dieser deutschen evangelischen lutherischen Gemeinde! Ach! nur zu oft werden die Thaten der Heerführer mit Lob genannt, während der Tapferkeit, Mühe und Arbeit der Ungenannten des Heeres kaum gedacht wird! Aber ihre Hände, ihre Schwerter und Waffen haben wirklich den Sieg errungen. Wir blicken staunend auf die Bauten der Vorzeit; wir loben die Kunst des Baumeisters, und denken kaum an die vielen fleißigen und gewandten Hände, die seine Pläne und Gedanken also in Holz und Stein und Eisen ausführten. An St. Michaelis und Zion — am inneren und äußeren Gebäude — haben viele, Reich= und Arme, Hohe und Niedere, Gelehrte und Ungelehrte, mitgearbeitet, und unser Jubiläum erinnert uns an sie alle.

2. Das Wort erinnert uns aber auch an das, was sie gearbeitet haben.

Wir gedenken ihrer als Arbeiter in Gottes Ackerwerk und an Gottes Gebäude. Wohl arbeiten sie auch mit dem täglichen Erdenwerk, für sich und ihre Hausgenossen, denn sie erkannten es als Christenpflicht, treu und fleißig zu sein in jedem ehrlichen irdischen Beruf. Auch sie haben mitgearbeitet am Aufbau unserer herrlichen Stadt; auch sie haben das ihrige beigetragen zur Gründung unserer bürgerlichen Freiheit und Unabhängigkeit und unseres östlichen Staatenbundes. An jedem guten, nützlichen, schweren Werke jener alten Zeit haben sie mitgearbeitet. — Aber wir gedenken heute ihres besten Wortes, ihrer schönsten Arbeit.

a) Sie haben gearbeitet, damit der Same des Wortes Gottes in Menschenherzen gestreuet werde; auf daß ihre Seelen und ihrer Kinder Seelen, und die Seelen der Zerstreuten in diesem fernen Abendlande, erleuchtet und geheiligt werden möchten mit den Gaben des heiligen Geistes.

Es war ihr Wahlspruch: „Trachtet am ersten nach dem Reiche Gottes und nach seiner Gerechtigkeit!" und obwohl ihnen in der neuen Heimat manches mangelte, so vergaßen sie doch nicht sich und anderen zuzurufen: „Eins aber ist not!" Si arbeiteten nicht nur um das Irdische und Vergängliche; sie kamen herüber, nicht wie so viele, nur um Gold und Edelsteine zu suchen und zu sammeln, sondern erkannten und bekannten: „Der Mensch lebet nicht vom Brot allein, sondern von einem jeglichen Wort, das durch den Mund Gottes geht." Ja, Prediger und Lehrer, Kirchenräte und Gemeindeglieder arbeiteten in Gottes Ackerwerk und an Gottes Gebäude, um mit Wort und Sakrament Gottes Werk und der Menschen Heil zu befördern.

b) Sie arbeiteten aber auch als treue evangelisch-lutherische Christen, das teure Erbe ihrer Väter zu bewahren, die reine Lehre ihrer Kirche auch in diesem Abendlande zu behaupten und zu verbreiten, und aufs treueste und gewissenhafteste für die zerstreuten Schafe ihres lutherischen Israel zu sorgen.

Sie kamen wohl aus verschiedenen Gegenden der alten Heimat, aber sie alle brachten mit sich das köstliche Kleinod der väterlichen Lehre. Sie schämten sich ihres lutherischen Namens nicht. Sie glaubten nicht, daß das Weltmeer sie von der Einen evangelisch=lutherischen Kirche trenne. Sie glaubten sich nicht durch die Übersiedlung in ein neues Land von den alten Banden befreit. Sie dachten nicht im Ent= ferntesten daran eine neue Sekte zu bilden, oder das Bekenntnis der teuren Mutterkirche zu verändern oder zu verstümmeln. Sie fühlten und bekannten sich als Kinder und Glieder der Einen evangelisch= lutherischen Kirche, und verpflichteten sich bei der Grundsteinlegung von St. Michaelis, und auch hier bei Zion, auf die alte ungeänderte Augsburgische Konfession — und die übrigen Symboli= schen Bücher unserer Kirche! Sie ließen den alten Katechis= mus — die liebe „Laienbibel" — auch in diesem Lande drucken, und strebten diesen westlichen Zweig der alten Eiche stark und kräftig zu erhalten. In der Lehre und den Gebräuchen, in Kirche, Schule und Haus, haben sie für die Erhaltung unserer Kirche gearbeitet, und ihre Arbeit hier hat einen bedeutenden Einfluß auf ihre Zeitgenossen und Nachkommen ausgeübt.

c) Sie haben aber auch gearbeitet zur Erhaltung der deutschen Sprache, zum Wohl ihrer deutschen Brüder.

War ihnen in der alten Heimat die köstliche Muttersprache unge= mein teuer, so mußte das noch weit mehr der Fall sein im fremden Lande. Durch diese Sprache waren sie ja mit ihren Landsleuten und Glaubensgenossen auf's innigste verbunden. In dieser Sprache lasen sie die Bibel; in dieser Sprache hörten sie die erquickende Predigt des Worts, und sangen die herzergreifenden Lieder eines Luther und Paul Gerhardt. Diese Sprache war ihnen die teuerste und herrlichste auf Erden, und sie arbeiteten dahin, daß durch Schulen und Kirchen, tüchtige Prediger und Schullehrer, und die Verbreitung guter Schriften, für die Aufrechthaltung dieser Sprache gesorgt würde. Wer will sie nicht wegen dieser natürlichen und ehrenvollen Vorliebe loben und rühmen? Es war ihre heilige Pflicht, auf diese Weise Sorge zu tragen für ihre Kinder, und Stätten zu bereiten, in welchen die Scharen von einwandernden Deutschen in ihrer eigenen Sprache das Wort des Lebens hören konnten. Sie thaten Recht daran, für die Fortdauer dieser deutschen Anstalten zu sorgen, und die nachfolgende Zeit hat gelehrt, daß das Deutsche nicht ausgestorben ist, sondern daß Philadelphia jetzt noch mehr deutsche Kirchen und Schulen hat und notwendig hat, als zur Zeit da die alten Väter so ernstlich für das Deutsche sorgten. Wohl dürfen wir auch sagen, daß sie zuweilen zu viel für die liebe Muttersprache hofften, besonders da manche von ihnen zu glauben schienen, daß Philadelphia gar eine deutsche Stadt werden möchte, und indem sie vergaßen, daß es in der Zukunft unmöglich sein würde, nachfolgende Geschlechter vor dem überwältigenden Einfluß der Landessprache zu bewahren; wohl mag es auch wünschenswert erscheinen, daß die Väter, bei aller treuen Arbeit zur bleibenden Aufrechthaltung der deutschen Sprache, Vorkehrungen getroffen hätten, um den unabänderlichen Übergang mancher ihrer Nachkommen in die Landessprache für die lutherische Kirche nicht nur schablos, sondern höchst gesegnet zu machen, so daß die alte Lehre und Gebräuche, und der echte evangelisch-lutherische Geist auch im fremden Lande in fremder Sprache weiter befördert worden wäre, — aber nichtsdestoweniger erinnern wir uns an ihre unvergeßlichen Verdienste für die Aufrechthaltung der Sprache, die von Millionen der edelsten unter den Menschen geredet wird; in welcher die herrlichsten Schätze der Wissenschaft verborgen liegen, welche die Muttersprache der Reformation und unserer lutherischen Kirche ist, und deren sich nur solche schämen, die in ihrem dummen Stolz ihren Wert und ihre Herrlichkeit nicht zu schätzen wissen.

3. Das Wort erinnert uns aber auch daran, wie sie gearbeitet haben. Der Herr redet im Text von Arbeit. Er kam zur Arbeit und nicht zum Spiel, zur Ruhe, oder zum Genuß. „Ich muß wirken die Werke deß, der mich gesandt hat, so lange es Tag ist,"

war Sein Wahlspruch. Er kam als Säemann, — und säen ist auch
Arbeit. Freilich denken wir wohl an die Mühe und Hitze der Ernte=
arbeit, aber Säen hat auch seine Mühen, und wir lesen ja von solchen,
die mit Thränen säen!

Die Aufgabe unserer Väter war Arbeit; und sie sind an die
Arbeit gegangen mit deutschem Fleiße, mit deutscher Beharrlichkeit;
mit christlicher Selbstverleugnung, — ja — im Geiste des Herrn!
Leset die Geschichte dieser Zionskirche, und der Gemeinde überhaupt,
und da werdet ihr sehen, w i e sie gearbeitet haben.

Vor dem Jahre 1742 finden wir einen „in Parteien getrennten
und in jeder Beziehung traurigen Zustand der Lutheraner in Phi=
ladelphia." Im November 1742 kommt Heinrich Melchior Mühlen=
berg und wird etliche Tage nach Weihnachten dem Kirchenrate in
der alten schwedischen lutherischen Kirche vorgestellt. Am darauf
folgenden 23. Januar 1743 trägt er der Gemeinde die Notwendig=
keit der Erbauung einer Kirche vor, und findet die Herzen willig.
Schon am 12. März kauften sie Grund für die Kirche und den Gottes=
acker; legen schon im April den Grundstein von St. Michaelis und
eröffnen die Kirche im Oktober, obwohl sie noch unvollendet war.
Anno 1748 erfolgte die Einweihung der vollendeten Kirche. Die
Gemeinde nimmt immer mehr zu; die Emporkirchen werden gebaut
und verlängert; ein Gottesacker und ein Pfarrhaus gekauft, sowie
auch der Grund zum Schulhaus in der Cherry Straße. Im Jahre
1765 waren schon drei Schullehrer in der Gemeinde angestellt. Die
St. Michaelis=Kirche ist bald bei weitem zu klein, — und am
16. Mai 1766, also 23 Jahre nach der Ecksteinlegung zu St. Michaelis,
wird der Eckstein zu dieser Zionskirche gelegt, und im Jahre 1769
wird sie eingeweiht; damals, so weit wir wissen, die größte und
schönste evangelische Kirche in Nord=Amerika! Im Jahre 1777 wird
sie von den Britten zum Hospital gemacht; die Stühle müssen mit
großer Mühe und Kosten wieder aufgebaut werden, und erst Anno
1782 kann sie wieder eingeweiht werden. Doch, mit allen diesen

Ausgaben und Hindernissen, und obwohl sie auch im Revolutionskrieg mitopfern und leiden mußten, so wurde doch die Gemeinde Anno 1785 schuldenfrei! Dann bauen sie das Schulhaus in der Cherry Straße; lassen eine herrliche Orgel für Zion bauen; errichten eine Armenschule; kaufen eine Lotte in den Nördlichen Freiheiten im Jahre 1792; verlieren durch das gelbe Fieber 625 Glieder in dem einen Jahre 1793; beginnen aber doch den Bau des Schulhauses in den Nördlichen Freiheiten im Jahre 1794; und da auf einmal, am 26. Dezember 1794, brennt die große herrliche Zionskirche ab! Doch schon am 12. Januar 1795 wird der Wiederaufbau beschlossen und bald der Anfang damit gemacht, und im November 1796 wird sie wieder eingeweiht!

Doch es ist mir rein unmöglich weitere Thatsachen aus der Geschichte der Gemeinde hier anzuführen, und diese wenigen sind euch vorgestellt, damit ihr sehet, wie sie gearbeitet haben; mit eisernem Fleiß, mit unüberwindlicher Geduld und Beständigkeit und mit wahrer christlicher Freigebigkeit. Wohl flossen ihnen reichliche Gaben aus dem alten Vaterlande von wohlhabenden Glaubensgenossen zu, aber sie selbst gaben, als fröhliche Geber und nach Vermögen, zur Förderung der guten Sache. Wo solche Kirchen gebaut, solche Schulen errichtet und erhalten und über $500 bei der Einweihung einer Zionskirche geopfert werden, da muß man doch glauben, daß die Leute von ganzem Herzen, mit offener Hand und mit großer Selbstverleugnung gearbeitet haben. Sie hatten mit Armut, schweren Zeiten, Kriegsnot, Pestilenz, zerstörenden Flammen, bösen Feinden, untreuen und widerspenstigen Brüdern zu kämpfen; aber Prediger, Älteste, Vorsteher und Gemeindeglieder arbeiteten fort, in trüben und in hellen Tagen, unter Thränen und Freuden, unter Beifall und Widerstand, um das Wohl dieser deutschen evangelisch-lutherischen Kirche zu befördern! Sie arbeiteten mit einem christlichen Heldenmut, der durch keine Hindernisse überwältigt werden konnte, und obwohl mit mancherlei menschlicher Schwachheit und Unvollkommenheit behaftet, suchten sie doch stets die Ehre des Herrn und das Wohl Seiner Kirche und beteten, arbeiteten und gaben in Gottes Namen!

4. Das Wort erinnert uns aber auch an das, was sie ge= arbeitet haben. Was haben diese „andere,“ die für solche Dinge und in solchem Geiste gearbeitet haben, mit ihrer Arbeit gewonnen? „Ihr wisset,“ schreibt Paulus an die Corinther, „daß eure Arbeit nicht vergeblich ist in dem Herrn!“ Keine Arbeit, in Gott gethan, ist umsonst! Der ruhende Säemann am Jakobsbrunnen hat auch nicht umsonst gearbeitet. Er säete seine Thränensaat, aber schaute auch schon in der Ferne die Freudenernte, „den was der Mensch säet, das wird er ernten.“ Der Prophet Jesaia hatte ja schon von ihm gesagt: „Darum, daß seine Seele gearbeitet hat, wird er seine Lust sehen und die Fülle haben.“ Darum, „lasset uns Gutes thun und nicht müde werden; denn zu seiner Zeit werden wir auch ernten ohne Aufhören.“

Die alten Säeleute dieser Gemeinde haben auch nicht umsonst gearbeitet. Der Same ist aufgegangen und hat reichlich Frucht ge= tragen. Das kleine Senfkorn ist ein großer Baum geworden, und die Vögel unter dem Himmel kommen und wohnen unter seinen Zweigen. Die Grund= und Ecksteine, die sie legten, ruhen unverrückt, und die Mauern, die sie aufführten, stehen noch. Die alten treuen Baumeister haben ein St. Michaelis und ein Zion den spätern Nach= kommen bereitet, und ihr Bestreben, die evangelisch=lutherische Lehre in dieser Stadt der Bruderliebe zu erhalten, war nicht vergeblich. Da stehen eure Kirchen und Schulen, Denkmäler ihrer Treue, Für= sorge und Liebe. Die alte Lehre lebt noch; die alten Lieder klingen noch; die teure Muttersprache ist so bekannt und wert als je, und das Thränenfeld ist jetzt, mehr als je zuvor, „reif zur Ernte!“

Sie haben ihre Pfunde nicht in die Erde gelegt, sondern haben andere Pfunde damit gewonnen. Sie haben gearbeitet, und der ein= fache Zusatz: ihr seid in ihre Arbeit gekommen, ist für sich schon ein hinlänglicher Beweis, daß ihre Arbeit nicht umsonst war.

Mit solchen Erinnerungen wenden wir uns nun aber auch zum zweiten Teile unseres Textes, der uns ans Herz tritt mit seinen

2. Mahnungen,

durch das Wort: „Und ihr seid in ihre Arbeit gekommen!"

Das Wort mahnt uns

I. Zur innigen Freude, und zum demütigen Dank!

„Ihr seid in ihre Arbeit gekommen!" Ihr steht im goldenen Erntefeld, inmitten der Frucht dieser Arbeit! Ihr stehet in den Tagen des Herbstes, und haltet mit Freude und Genuß die Weinlese. Ihr seid in das vollendete Gotteshaus gekommen, zu dem jene vor 100 Jahren den Eckstein legten, und das sie nachher wieder aus seiner Asche hervorriefen! Ihr genießet seit Jahren, und heute noch, die schönen Gottesdienste des Herrn; seid reichlich gesegnet mit den Mitteln der Gnade; hört in eurer Muttersprache die Wunder und Gnade Gottes verkündigen; könnt Scharen von Kindern täglichen und beinahe unentgeltlichen Unterricht, nicht nur in den notwendigsten irdischen, sondern auch in ewigen und himmlischen Kenntnissen zukommen lassen; seid wirklich als Gemeinde, gegenüber von tausend anderen Gemeinden, aufs reichlichste versorgt, und könnt mit voller Wahrheit ausrufen: „Das Los ist mir gefallen aufs Lieblichste, mir ist ein schönes Erbteil geworden!"

Wer von euch nun, Geliebte, kann an diesem Jubiläum — das an solches erinnert — ohne innige Freude teilnehmen? Es soll ein wahres Jubiläum sein, ein echter, herrlicher Freudentag! Freuet euch, daß das Werk so herrlich gelungen! Freuet euch, daß an euch so Großes gethan worden ist!

Freuet euch, daß Zion stehen durfte, um dieses Jubelfest in seinen Mauern zu schauen! Freuet euch, daß Zions Kinder, aus der Nähe und Ferne, herbeiströmen, um ihm diese Ehre zu thun! Freuet euch, ihr betagten Väter und Mütter, daß ihr diesen Tag erleben durftet!

Viele — Viele, die an eurer Seite wandelten, denen Zion auch lieb war, und die sich auch auf diesen Tag sehnten, sind heimgegangen, ohne ihn zu schauen! Freuet euch, ihr Jungen, daß auch ihr einen hundertjährigen Tempel schmücken und mit euren Jubelliedern in den Festgesang mit einstimmen dürfet!

Aber es soll nicht leere Freude sein! Wir wollen nicht nur singen und jubilieren. Das Wort mahnt uns bei dieser Gelegenheit auch zum demütigen Dank. Und Dank vor allem Ihm, dem dreieinigen Gott, von dem alle gute Gabe und alle vollkommene Gabe kommt. Der Säemann, der die Worte des Textes sprach und von „anderen" redete, wollte, daß Seine ausgesandten Schnitter stets bedenken sollten, daß Er vor allen, durch alle und in allen gearbeitet hatte. Sie haben es auch nie vergessen. Wie jener zuletzt begrabene Prediger dieser Gemeinde die Worte: „Christus, alles und in allem!" zu seinem Wahlspruch machte, so die Apostel und ihre Mitarbeiter alle. Paulus spricht: „Ich habe gepflanzet, Apollo hat begossen, aber Gott hat das Gedeihen gegeben;" und — „von Gottes Gnaden bin ich, das ich bin, und Seine Gnade an mir ist nicht vergeblich gewesen, sondern ich habe viel mehr gearbeitet, denn sie alle, nicht aber ich, sondern Gottes Gnade, die mit mir ist."

Die Welt und eure Mitchristen werden und müssen sagen: „Der Herr hat Großes an ihnen gethan!" und ihr sollt mit demütigem Danke antworten: „Der Herr hat Großes an uns gethan, dessen sind wir fröhlich."

„Wo der Herr nicht das Haus bauet, so arbeiten umsonst, die daran bauen." Daß dieses ehrwürdige Gotteshaus — daß diese Gemeinde heute noch da ist — das verdanket ihr dem Herrn! Er hat zum Pflanzen und Begießen den Segen gegeben. Er hat die Arbeiter berufen, ausgerüstet und in ihrer Arbeit erhalten und gesegnet. Darum sage ein jeder von euch: „Lobe den Herrn, meine Seele, und was in mir ist, Seinen heiligen Namen. Lobe den Herrn, meine Seele, und vergiß nicht, was Er dir Gutes gethan!"

Aber auch zum Dank gegen diejenigen, die mit solchem Fleiß, in solchem Christengeiste, mit solcher Aufopferung und mit solchem Erfolg gearbeitet haben! Wir haben uns schon an sie erinnert; aber ich rufe euch noch einmal zu, es werde beim Jubel dieses Tages der den treuen Arbeitern schuldige Dank nicht vergessen! Es ist ja eine apostolische Ermahnung: „Gedenket an eure Lehrer, die euch das Wort Gottes gesagt haben, welcher Ende schauet an, und folget ihrem Glauben nach!" Das Gedächtnis der Gerechten bleibe bei euch im Segen. Ihr könnt ihnen nicht mehr persönlich danken. Sie ruhen von ihrer Arbeit. Wir richten keine Gebete an die Heiligen; wir streuen ihnen keinen Weihrauch, und unser Dank und unsere Lobreden bringen ihnen weder Nutzen noch Genuß. Aber doch sollen wir ihrer mit herzlichem, demütigen Dank gedenken; ihre Namen mit Ehrfurcht und Liebe nennen und unseren Kindern bekannt machen. Der Herr rief die Reformation ins Leben — aber doch danken wir noch dem auserwählten Rüstzeug und allen seinen Mitstreitern. Wir wieder= holen ihre Namen und Thaten; ihre Worte sind uns unvergeßlich und wir stehen mit dankbarer Liebe vor ihrem Bilde. So sei, so ist es auch hier; denn hier vor unsern Augen, im festlich .geschmückten Zion, habt ihr die werten Namen der treuen Arbeiter im Wort, vom ersten bis zum letzten, mit Lorbeer umgeben, vor die Augen der Festgemeinde gestellt. Die Gemeinde ehrt sich selbst, indem sie solche ehrt!

2. Das Wort mahnt uns aber auch zur treuen Bewahrung der erworbenen Güter. Ihr seid in ihre Arbeit gekommen, um als treue, dankbare Erben das Erbteil hochzuschätzen und zu bewahren. Wem die Arbeit gering erscheint, dem wird wenig an der freudigen und dankbaren Erinnerung gelegen sein. Wem Gottes Wort und Sakra= ment, christliche Kirchen und Schulen von geringer oder gar keiner Be= deutung sind, dem wird ein solches Jubelfest als leerer Zeitverlust erscheinen. Es gibt viele in dieser Stadt, die sich des deutschen Na= mens rühmen, und auch Luther gern als deutschen Mann preisen, die

sich um Zions Jubiläum nicht im geringsten bekümmern. Es gibt noch manchen Esau, der seine Erstgeburt verscherzt und sie um ein Linsengericht verkauft! Manche Kinder gibt es, die das väterliche Erbe verschmähen. Solche Erben wollte der Heiland nicht. Seine Jünger und Diener sollten das ihnen überlassene und anvertraute treulich bewahren, wie der Lieblingsjünger die ihm angewiesene Mutter des Herrn. Zu dem „ehre Vater und Mutter" gehört gewiß auch noch das treue Bewahren dessen, was sie uns hinterlassen haben. Alle treuen Arbeiter, Bahnbrecher und Vorkämpfer erwarten und fordern mit Recht von denen, die in ihre Arbeit kommen, daß sie das mit großer Mühe und mit unbeschreibl.cher Aufopferung Errungene schätzen und bewahren, um ihretwillen, um der Sache willen und um Gottes willen! Wie ernstlich schreibt Paulus an Timotheum: „O Timothee, bewahre, das dir vertrauet ist." „Diese gute Beilage bewahre durch den heiligen Geist." Wie ernstlich mußte es auch den Reformatoren daran gelegen sein, daß die von ihnen wiedergefundene Wahrheit als ein herrlicher Schatz, ja — als die Reichskleinodien des Himmelreichs bewahrt werden möchten!

Alle Erben sind Haushalter. „Nun suchet man nicht mehr (aber auch nicht weniger) an den Haushaltern, denn daß sie treu erfunden werden." Wir, das gegenwärtige Geschlecht, sind Erben und Haushalter der bürgerlichen Freiheit und der Regierungsform, die Gott diesem Lande schenkte, und als solche haben wir die heilige Pflicht, über diesen Schatz zu wachen, damit er unversehrt für die Zeitgenossen und Nachkommen bleibe. So kommt auch an dich, liebe Gemeinde, die ernste Mahnung: „Halte, was du hast, daß niemand deine Krone nehme!" Bewahre — das fordert Gott, das fordern die treuen Väter und Mütter — bewahre, was ihnen Arbeit, Gebet, Thränen und Leiden gekostet hat! Bewahre das reine Wort und Sakrament! Bewahre die teure Lehre und Gebräuche unserer Mutterkirche! Mögen Ungläubige, Rationalisten, Sektierer und Schwärmer stürmen und spotten, bewahre du, was dieser Stätte schönste

Zierde seit hundert Jahren gewesen ist. Bewahre die Sprache, so lange noch Seelen sich finden, die in den lieben Lauten des Vater= landes den Herrn anbeten wollen! Bewahre alle christlichen Anstal= ten zur Erziehung deiner Jugend. Bewahre alles, was die Arbeiter als reiches Erbe hinterlassen haben und verwende es gewissenhaft zu Gottes Ehre und zum Wohl der Kirche. Verliere nichts, verschwende nichts, versäume nichts! Andere haben gearbeitet, nicht auf daß ihre Nachkommen ihre mit Schweiß und Thränen aufgeführte Arbeit zerstören oder unbrauchbar machen sollten. Laß das Gut nie in fremde Hände kommen. Was würden wohl die alten Schweden, die einst Mühlenberg bewillkommten, und die sich mit unserem lutheri= schen Ministerium von Pennsylvanien als Glaubensgenossen und Brüder versammelten — dazu sagen, daß ihre Kirchen, der Verkün= digung des Wortes Gottes nach der ungeänderten Augsburgischen Konfession gewidmet, von ihren Nachkommen in andere Hände über= liefert wurden!

Bewahre, was du hast!

3. Das Wort mahnt aber auch zuletzt noch zur treuen Fort= führung ihrer Arbeit.

Der Herr sandte Seine Jünger als Schnitter Seiner Saat, und recht schneiden ist keine geringe Arbeit. Aber sie sollten auch Säeleute für andere Schnitter werden, so daß das große Werk der Seelen= rettung ohne Unterlaß fortgesetzt werden möchte. Er sagt wohl: Ich habe euch in ihre Arbeit, nämlich in die Frucht ihrer Arbeit gesandt, aber auch in ihre Arbeit, damit ihr sie als Arbeit, im vollen Sinn des Wortes, angreifen und fortsetzen könnt und sollt. Der Herr will nicht nur genießende Erben, sondern treue, emsige Ar= beiter. Er will Gottes Mitarbeiter, und wenn ein Paulus pflanzt, so soll ein Apollo begießen; wenn ein Paulus, als weiser Baumeister, „den Grund gelegt," so soll ein anderer darauf bauen. Der Herr hat im jüdischen Lande den Anfang gemacht, dann aber, vor Seinem Scheiden aus der Sichtbarkeit, zu Seinen Jüngern gesagt: „Gehet hin in alle Welt, und lehret alle Völker!"

Die Pfunde sind uns anvertraut, damit wir andere damit gewinnen. Nicht nur schützen, lieben und bewahren sollen wir unser Erbe, sondern damit arbeiten, um so viel als möglich dadurch zu erobern. Wir sollen nicht nur die errungenen Besitztümer der Reformation freudig und dankbar genießen und bewahren, sondern die Arbeit fortsetzen, in demselben Geist und Glauben, und mit denselben Mitteln, bis die ganze Welt mit dem Lichte der wahren evangelischen Freiheit angefüllt ist.

Geliebte Brüder dieser Gemeinde! Ihr seid in die Arbeit der Väter gekommen, um in Gottes Namen, in Seiner Kraft und im dankbaren Hinblick auf Eure Väter, ihre Arbeit fortzusetzen. Das Feld ist gewiß jetzt auch reif zur Ernte! Es gibt jetzt mehr zerstreute Glaubensgenossen, als vor hundert Jahren. Seelen sind ebenso köstlich, und die göttlichen Gnadenmittel ebenso notwendig und kräftig. Haben die Väter vor hundert Jahren, innerhalb dreiundzwanzig Jahren, zwei Kirchen, wie St. Michaelis und Zion, erbaut, um allen deutschen Lutheranern Philadelphia's eine geistliche Heimat zu bereiten — was solltet ihr thun? Konnten sie solche Riesenarbeiten, durch eigene Freigebigkeit, nebst milder Beisteuer aus dem Vaterlande, ausführen — was könntet, was solltet ihr thun? Sie mußten ohne väterliches Erbe, ohne ein St. Michaelis und Zion, ohne Schulhaus, ohne Gottesacker, ohne Vermögen anfangen! Was sollen wir von euch, ihren Erben, erwarten?

Einer von den alten Predigern spricht sich also über die Gemeinde zu seiner Zeit aus: „Es mögen in der Gemeinde wohl dreihundert Seelen sein, darunter etwa fünfzehn Mann zum Bauen etwas geben können!" Wie steht es jetzt? Wenn sie damals ein Zion bauen konnten, was können sie jetzt? Wenn sie damals zwei solche Kirchen brauchten, wie viele brauchen wir jetzt, da Philadelphia eine von den größten Städten der Welt geworden ist, und die Deutschen hier zahlreicher geworden sind, als in vielen großen Städten Deutschlands?

11

Brüder! Haben wir in der letzten Hälfte dieses Jahrhunderts gearbeitet, wie die Väter in der ersten Hälfte? Wir feiern heute Jubiläum in Zion, und in etlichen Wochen hoffen viele von uns dasselbe zu thun in der alten Trinitatis=Kirche zu Lancaster; und in diesem Jahre (1866) feiert auch die Bischöfliche Methodisten=Kirche das hundertjährige Jubelfest ihres Bestehens in diesem Lande!

Als St. Michaelis und Zion schon standen, wurde das Senfkorn jener Gemeinschaft in Amerikas Boden gepflanzt—und wo steht heute der größte Baum? Andere haben gearbeitet — und die Erben, die in ihre Arbeit kamen, haben ihre Arbeit in demselben Geiste fortgesetzt — und der Erfolg steht vor unsern Augen!

Zu solcher Arbeit mahne euch dieser Tag. Dem Herrn sei Dank für allen Arbeitseifer, den ihr bisher an den Tag gelegt habt, denn wir wissen ja, Brüder, daß es euch am Herzen liegt, weiter zu arbeiten. Arbeitet — Seelen zu gewinnen! Arbeitet dem Unglauben, der Gleichgültigkeit und der Genußsucht entgegen! Tausende von Deutschen sind in dieser großen Stadt zerstreut; arbeitet, sie mit Kirchen und Schulen zu versorgen. Arbeitet für die weitere Ausbreitung unserer Mutterkirche und sucht eure Kinder und Kindeskinder derselben zu erhalten. Arbeitet in der Väter Geist, und eure Saat wird eine noch reichere Ernte tragen, und einst werdet ihr euch mit allen Säeleuten und Schnittern ewiglich freuen. Ja, dieses Jubiläum mahne einen jeden zu eurem Fleiß, zu eurer Liebe, zu eurer Arbeit. Bedenket das Wort des Herrn: „denn welchem viel gegeben ist, bei dem wird man viel suchen, und welchem viel befohlen ist, von dem wird man viel fordern." Wenn der Landmann eine reiche Ernte einholt, so kann er auch, so er Raum hat, reichlicher säen. Das Ackerfeld, das sich vor euren Augen ausdehnt, ist weit größer als das der Väter, und die reiche Ernte ihrer Saat gibt auch Gelegenheit und mahnt, die Saat weiter und weiter zu streuen. Ich meine aber das, wer da kärglich säet, der wird auch kärglich ernten; und wer da säet im Segen, der wird auch ernten im Segen!

Wollet aber auch alle dasselbe. Seid Gottes Mitarbeiter — und unter einander Brüder. Stehet euren Vorarbeitern, Seelsorgern und Kirchenbeamten treulich bei, und bedenket, daß wenn es hier gegangen wäre, wie einst zu Babel, so wäre Zion nicht gebauet worden. Aber hier herrschte Eintracht, und Zion stand da, und stieg nachher selbst wieder aus der Asche empor. Bauen, ernten — Krieg= führen — fordert vereinte Kräfte, denn „Vereint stehen wir — Ge= trennt fallen wir!" Darum möge auch dieser frohe Tag mahnen und ermuntern zum treuen, vereinten Weiterarbeiten in Gottes und der Väter Werk.

Schwerlich wird Zion ein zweites Jubiläum feiern. Vielleicht kommt bald die Stunde, in welcher Menschenhände thun müssen, was die Feuersbrunst in jener schrecklichen Dezembernacht nicht vermochte. Wenn das wahre Wohl der Kirche durch Zions Fall befördert wer= den kann, dann soll auch Zion in Gottes Namen fallen, um für andere Gotteshäuser die Mittel zu geben; denn dadurch würde ja unser liebes ehrwürdiges Zion ein wahres Samenkorn, das reiche Ähren und Garben möglich macht. Gottes Wort ist nicht gebunden, auch nicht an Zion. Doch Zions hundert Jahre waren nicht um= sonst, und der lebendige Gottessame, der in dieser langen Zeit hier ausgestreut wurde von dieser Kanzel und an diesem Altare, hat schon manche Garben fürs ewige Vaterhaus geliefert. Ja, „man wird zu Zion sagen, daß allerlei Leute darinnen geboren werden, und daß Er, der Höchste, sie baue."

Wie manchen von uns ist Zion eine heilige Stätte gewesen, und wird es auch bleiben, selbst nachdem diese Stätte von anderen Ge= bäuden besetzt ist. „Hier ist nichts anders, denn Gottes Haus, und hie ist die Pforte des Himmels." Hier hörte ich als kleiner Knabe zuerst die Predigt des Evangeliums, die lieblichen Lieder unserer Kirche und die feierlichen, erhebenden Töne der Orgel. Hier beson= ders erinnere ich mich der Männer, denen ich so viel verdanke. Hier erlebte ich manche frohe Stunde, und gedenke der Jugendgenossen.

An diesem Altare erneuerte ich meinen Taufbund und kam zum ersten Male zu Gottes Tisch. Hier durfte ich, bald nach meinem Eintritt ins heilige Predigtamt, das Wort Gottes verkündigen, und hier genieße ich heute, durch eure Liebe, die unbeschreibliche Ehre und Freude, beim Zions-Jubiläum das festliche Wort in dieser Morgenstunde zu reden. Jenes Schulhaus in der Cherry Straße — St. Michaelis — Zion — und das Pfarrhaus an seiner Seite — wie viele Jahre und Erfahrungen meines Lebens sind an diese Stätten geknüpft! Und nicht mir allein, sondern Hunderten und Tausenden, nah und fern, sind diese Denkmäler der alten Zeit teuer und wert, und ihr sprechet gerne mit mir : „Vergesse ich dein Jerusalem, so werde meiner Rechten vergessen. Meine Zunge müsse an meinen Gaumen kleben, wo ich dein nicht gedenke, wo ich nicht lasse Jerusalem meine höchste Freude sein!“ Gerne sprechet ihr mit mir zum Schluß : „Wünschet Jerusalem Glück. Es müsse wohlgehen, die dich lieben. Es müsse Friede sein inwendig in deinen Mauern und Glück in deinen Palästen. Und alles Volk soll sagen : Amen!“

Überblick über die lutherischen Synoden Amerikas.

Die 61 luth. Synoden nach ihrem Alter.

1748. Das Ministerium von Pennsylvanien, „Die Pennsylvanische Synobe.‟
1786. Das Ministerium von New York, „Die New York Synobe.‟
1803. Die Synobe von Norb-Carolina.
1818. Allgemeine Synobe von Ohio und anderen Staaten.
1820. Die Tennessee Synobe.
1820. Die Synobe von Maryland.
1824. Die Synobe vor Süb-Carolina.
1825. Die Synobe von West-Pennsylvanien.
1830. Die Synobe von Virginien.
1830. Die Hartwick Synobe (in New York).
1836. Die Ost-Ohio Synobe.
1837. Die Franckean Synobe (in New York).
1842. Die Alleghany Synobe (in Pennsylvanien).
1842. Die Ost-Pennsylvanische Synobe.
1842. Die Synobe von Südwest-Virginien.
1844. Die Miami Synobe (in Ohio).
1845. Die Pittsburg Synobe.
1845. Die Buffalo Synobe (Lutheraner aus Preußen).
1846. Die Hauge's norwegische luth. Synobe.
1847. Die Missouri Synobe, „Allgemeine Synobe von Missouri, Ohio‟ 2c.
1847. Die Wittenberg Synobe (in Ohio).
1848. Die Ölzweig Synobe (in Indiana).
1850. Die Synobe von Wisconsin.
1851. Die Synobe von Texas.
1851. Die Synobe von Norb-Illinois.
1853. Die Synobe der norwegisch-luth. Kirche.
1854. Die Synobe von Jowa.
1855. Die Mississippi Synobe.

1855. Die Synode von Central-Pennsylvanien.
1855. Die (englische) Synode von Jowa.
1855. Die Synode von Nord-Indiana.
1856. Die Synode von Süd-Illinois.
1857. Die englisch-luth. Distrikts-Synode von Ohio.
1860. Die schwedische Augustana Synode.
1860. Die Synode von Minnesota.
1860. Die Synode von Georgia.
1860. Die Michigan Synode.
1861. Die Canada Synode.
1861. Die Holston Synode (in Tennessee).
1866. Die Pittsburger Synode.
1867. Die Central-Illinois Synode.
1867. Die Susquehanna Synode.
1867. Die Kansas Synode.
1871. Die Nebraska Synode.
1871. Die Indiana Synode.
1872. Die dänisch-luth. Kirche in Amerika.
1872. Die Synode von New York und New Jersey.
1875. Die Augsburg Synode.
1876. Die deutsche Wartburg Synode.
1878. Die Mittel-Tennessee Synode.
1884. Die dänisch-luth. Kirchengemeinschaft.
1885. Die isländische Kirchengemeinschaft.
1886. Die Immanuels-Synode.
1888. Die englisch-luth. Synode von Missouri.
1889. Die finnisch-luth. Kirche (Suami-Synode).
1890. Vereinigte norwegische luth. Kirche in Amerika.
1891. Die deutsche Nebraska Synode.
1891. Die englische California Synode.
1891. Die Rocky Mountain Synode.
1891. Die deutsche California Synode.
1891. Die englische luth. Synode des Nordwestens.

Die traurigste Zeit der luth. Kirche Amerikas.

Dem blühenden geistlichen Zustand der luth. Gemeinden, während Mühlenbergs Amtsführung, entsprach die Folgezeit nicht. „Die alten Väter, die im achtzehnten Jahrhundert die schwere Pionier-Arbeit gethan, waren abgetreten vom Schauplatz, eingegangen zu ihres Herrn Freude. Ihre Treue gegen Bekenntnis und Kultus der Kirche, ihre gewissenhafte pastorale Arbeit, ihre praktische, gemeindebildende Thätigkeit, ihre Pflege des Katechismus, ihr thatsächlicher Erweis eines lebendigen Christentums in einem herzlich-frommen, ungeschminkten Wandel, das alles waren Dinge, die im Anfang dieses Jahrhunderts mehr oder weniger der Vergessenheit angehörten." Es kam ein neuer König auf in Egyptenland, der nichts von Joseph wußte. Schon Luther sagte es, daß die reine Lehre selten länger als ein Menschenalter an einem Orte bliebe. Das christliche Leben stand am Anfang dieses Jahrhunderts in Deutschland und hier sehr nieder. Von positivem Christenglauben war wenig zu finden. Der Rationalismus war in die Kirche eingebrochen. Derselbe hatte etwa fünfzig Jahre lang, von 1770—1820, die ungeteilte Herrschaft auf allen Lehrstühlen der Kirche Deutschlands behauptet. Da kamen die Kriegsjahre Napoleons, und die Christenheit lernte wieder beten und nach einem lebendigen Gott verlangen. Es traten gottesfürchtige Männer auf, welche bewiesen, daß in der sogenannten Vernunfts-religion weder rechte Vernunft, noch rechte Religion zu finden sei, und viele kehrten zum Evangelium zurück. Kein Wunder, daß auch hier in Amerika der Rationalismus viel Unheil anrichtete. Es folgten auf Francke's Sendboten aus Halle die Schüler des Rationalisten Semler.

Das Zeitalter eines Thomas Paine, eines Thomas Jefferson, war dem alten christlichen Glauben nicht günstig gestimmt. Dr.

Krauth sagt über jene Zeit: „Saft= und kraftlose Predigt, ver=
wässerte Lieder, ungesalzene Katechismen, elende Konstitutionen,
Synodalverbände, die das Gegenteil von Organisationen waren, zum
Zweck, jedes ordentliche Resultat im Keime zu ersticken. Zuerst
war man gleichgültig gegen das Bekenntnis gewesen, man ignorierte
es einfach. Dann fing man an, sich demselben gegenüber unbehaglich
zu fühlen und seine Abneigung und Verstimmung gegen dasselbe
merken zu lassen. Am Ende riefen die schüchternen Versuche, das
Bekenntnis mehr zur Geltung zu bringen, offene Feindschaft und
Verfolgung hervor, die sich bald in den raffinierten Angriffen ge=
wiegter Professoren und Kirchendiplomaten, bald in den plumpen, ja
cynischen Ausfällen gewaltthätiger Journalisten breit machen und auch
das Heiligste verlästern und lächerlich machen durfte."

Im Jahre 1820 betrug die Zahl der lutherischen Prediger in
Amerika 140; nämlich: in der Synode von Pennsylvanien mit Mary=
land und Virginia 74, in Ohio 23, in Nord=Carolina 15, in Süd=
Carolina 10, in New York 10. Im Jahre 1823 werden 178
Pastoren und bei 900 Gemeinden gezählt.

In diese Zeit fällt die Gründung der **General=Synode,** wozu die
Pennsylvania Synode den Anstoß gab. Um die verschiedenen Synoden
der luth. Kirche in einem Generalkörper zu vereinen, wurde 1820 in Ha=
gerstown, Md., die General=Synode gegründet. Es waren 4 Synoden
vertreten: die von Pennsylvania, von New York, von Nord=Carolina,
und Maryland. Doch zog sich schon 1823 die Pennsylvania Synode
zurück und trat erst 1853 wieder in die Generalsynode ein. Auch
kamen jetzt die Texas, Pittsburg und Nord=Illinois Synode hinzu,
nachdem schon die Virginia, West=Pennsylvanien, Hartwick, Süd=
Carolina, englische Ohio und andere Synoden aufgenommen waren.
Es fehlte an Gelehrtenschulen. Man hatte wenig wissenschaftlich
gebildete Männer im Predigtamt.

Junge Leute gingen bei einem Pastor in die Lehre, lernten predi=
gen, taufen 2c., wurden dann lizensiert und endlich ordiniert. Dann kam

das methodistische Gefühlswesen mit der Bußbank und der Bekehrung an derselben in die lutherische Kirche und trieb viele Jahre ein heilloses Wesen. In der Zeit verlor die lutherische Kirche viele Tausende

Prof. Dr. S. S. Schmucker in Gettysburg.

an die Methodisten und andere Sekten. Konnte ein anderer Prediger noch lauter schreien, noch feuriger beten und ermahnen, so liefen sie dem zu. Um kirchliche Bekenntnisse wurde ja von den lutherischen Pastoren selbst wenig gegeben.

Sehr bezeichnend ist für die Stellung der General=Synode zum lutherischen Bekenntnis das Geständnis in dem bekannten Send=schreiben an die evangelische Kirche Deutschlands vom Jahre 1845: „Wir stehen in den mehrsten unserer kirchlichen Grundsätze auf gemein=schaftlichem Boden mit der unierten Kirche Deutschlands. Die Unter=scheidungslehren zwischen altlutherischer und reformierter Kirche achten wir nicht als wesentlich. Die Richtung der sogenannten altlutherischen Partei scheint uns hinter unserem Zeitalter zu stehen. Luthers be=sondere Ansicht über die leibliche Gegenwart des Herrn im Abend=mahl ist von der großen Mehrheit unserer Prediger längst aufgegeben."

Ein Hauptführer jener Zeit war Prof. Dr. S. S. Schmucker, von dem die "Definite Synodical Platform" vom Jahre 1856 stammt. Derselbe wollte ein amerikanisches Luthertum schaffen. „Diese sogenannte ‚amerikanische Rezension der Augs=burg'schen Konfession' behauptete, im Einklang mit den Grundsätzen und der Lehrstellung der General=Synode zu sein. Sie sollte be=sonders den westlichen General=Synodalen zur Stärkung dienen gegenüber den deutschen Synoden, ‚welche die ganze Masse der alten Symbole annehmen.' Niemand sollte zur Synodal=Gemeinschaft zugelassen werden, der nicht auf dem Standpunkt der 'Definite Platform' stehe und mit den von ihr beibehaltenen Lehren als Grundlage und Norm kirchlicher Einigkeit sich zufrieden gebe. Neben andern Stücken war die ganze lutherische Sakramentslehre von der Taufe, als dem Bad der Wiedergeburt und der realen Gegenwart des Leibes und Blutes Christi im heiligen Abendmahl, aus dem Bekennt=nis gestrichen, und die Platform verlangte mit aller Unverfrorenheit, daß man diesem verstümmelten Torso vor der makellosen Urgestalt der unverfälschten Augustana den Vorzug geben solle." (Vergleiche Er=öffnungsrede der 17. Konvention des General=Konzils, von Dr. A. Späth.)

Die vier großen Kirchenkörper.

An Trennungen und Vereinigungen ist die lutherische Kirche reich. Es entstehen fast jedes Jahr neue Synoden. Die Ursachen sind dreifach: Lehrstellung, Sprache und Staaten. So haben sich auch Synoden zu größern Kirchenkörpern zusammengeschlossen und manche Synoden haben sich wieder getrennt und andern Verbindungen angeschlossen oder blieben allein stehen. Die vier großen Kirchenkörper nach dem Jahr ihrer Gründung sind:

Die General-Synode (englisch) mit 27 Synoden (1820).

Das General-Konzil (meist englisch) mit 8 Synoden (1867).

Die Synodal-Konferenz (deutsch) mit 4 Synoden (1871).

Die Vereinigte Synode des Südens (englisch) mit 8 Synoden (1886).

Dann giebt es 14 **alleinstehende Synoden**, wovon die größten die **Ohio**-Synode (361 Pastoren), die **Jowa**-Synode (294 Pastoren) und die zwei **Norweger** Synoden (177 und 302 Pastoren) sind. Über die Synoden und die besonderen Kirchenkörper giebt das Folgende nähere Auskunft.

Das General-Konzil.

1. Die Pennsylvania Synode.

Die Synode von Pennsylvanien ist 145 Jahre alt und das General-Konzil 25 Jahre. Man hat gesagt, die Pennsylvania Synode ist das General-Konzil, und das trifft auch ziemlich zu. Die leitenden Männer des Konzils sind aus der Pennsylvania Synode. Gegenwärtig ist auch der Präsident der Synode von Pennsylvanien, Herr Dr. G. F. Krotel, Präsident des Konzils. Der Titel der Synode lautete früher „Das deutsche evang.-luth. Ministerium von Pennsylvanien und den benachbarten Staaten," und über 100 Jahre war auch die Synode deutsch. Das Englische nahm seither zu, so daß man an Bildung einer ganz englischen Synode dachte. Im Jahre 1882 wurde das Wort „deutsch" im Titel gestrichen, und gegenwärtig geschehen die Verhandlungen der Synode meistens in der englischen Sprache. In Deutsch-Pennsylvanien wird meistens deutsch in den Kirchen gepredigt. Manche Pastoren haben daselbst noch 5, 6 und 7 Gemeinden, welche sich „gemeinschaftlich" mit den Reformierten in die Kirche teilen. An vielen Orten ist der Gemeindegesang kaum nennenswert. Die Synode gab 1786 das erste Gesangbuch heraus mit 706 Liedern. Dann folgte das „gemeinschaftliche Gesangbuch" mit den verwässerten Liedern, das das vorige bessere verdrängte. 1849 erschien das „Pennsylvanische Gesangbuch" (Wollenweber) von Dr. Demme. — Die erste Agende hatte Dr. Mühlenberg 1748 verfaßt und sie 1786 neu herausgegeben. Eine neue schlechte erschien 1818. Eine bessere kam 1842 und die jetzige 1855.

Die Gemeindeschulen sind alle in den Landgemeinden eingegangen, welche Mühlenberg, seine Mitarbeiter und Nachfolger gegründet hatten. Auch in den Städten giebt es nur noch 17 Gemeinbeſchulen. Neben 233 lutheriſchen Sonntagſchulen giebt es auch 286 unlutheriſche Sonntagſchulen. Die Synode zählt 286 Paſtoren mit 449 Gemeinden und 105,587 konfirmierten Gliedern.

Über die Geſchichte der Synode geben die „Halleſchen Nachrich=ten,“ 2. Auflage, mit den vielen Anmerkungen von Prof. Dr. Mann, weitere Auskunft.

Von Paſtoren haben wir aus der Pennſylvania Synode bereits eine Anzahl Prediger in Philadelphia kennen gelernt. Hier ſeien noch zwei engliſche Paſtoren genannt, welche in großem Segen gearbeitet haben und vom Herrn ſchon abgerufen wurden.

Prof. Dr. C. P. Krauth.

Prof. Dr. **Charles P. Krauth** war am 17. März 1823 in Martinsburg, Virginia, geboren, wo ſein Vater Paſtor war. Derſelbe wurde ſpäter Pro=feſſor in Gettysburg. Mit 18 Jahren wurde der junge Krauth Prediger bei

Baltimore, dann in Baltimore, Martinsburg, Winchester, Pittsburg und Philadelphia. Sogar im Winter 1852—53 bediente er eine reformierte Gemeinde auf der Insel St. Thomas. Später (1864) wurde er Professor am theologischen Seminar in Philadelphia und Präsident des General-Konzils und Vorkämpfer des konfessionellen Luthertums. Von ihm stammt das schöne Wort: „Brüder, sorgt für das Deutsche, das Englische wird für sich selber sorgen." Er war sehr belesen und schrieb viel. Sein Hauptwerk war "The Conservative Reformation." 1880 machte er eine Reise nach Europa. Er starb am 2. Januar 1883.

Pastor Dr. E. Greenwald.

Pastor Dr. **E. Greenwald** wurde am 21. Dezember 1885 in Lancaster, Pa., heimgerufen. Derselbe entstammte einer Zimmermannsfamilie in Frederick, Md., und wurde am 11. Januar 1811 geboren. Er studierte unter Pastor Dr. Dav. F. Schäffer in Frederick und wurde dann von der Maryland Synode lizensiert und von der Ohio Synode ordiniert. Zu Pferd zog er westwärts. In New-Philadelphia, Ohio, arbeitete er 20 Jahre und gründete 10 Gemeinden. In Columbus, O., war er dann an der Capital Universität thätig und war Editor des "Lutheran Standard." 1854 kam er nach Easton und 1867 nach Lancaster, wo er sein fünfzigjähriges Amts-jubiläum feierte und 1885 starb.

Bekenntnis. In der neuen Konstitution der Synode lautet der Bekenntnis-Paragraph also: „Das Ministerium bekennt, daß die kanonischen Bücher des Alten und Neuen Testaments das vom heil. Geiste eingegebene Wort Gottes und die klare, einzige und genügende Richtschnur des Glaubens sind; daß die drei allgemeinen Glaubens-bekenntnisse, das apostolische, nicänische und das athanasianische, in Übereinstimmung mit dieser Regel, den Glauben der allgemeinen Kirche darlegen; daß die ungeänderte Augsburgische Konfession in allen ihren Teilen mit dem Worte Gottes als der Regel des Glau-bens übereinstimmt und eine richtige Darlegung der Lehre ist; und daß die Apologie, die beiden Katechismen Luthers, die Schmalkaldi-schen Artikel und die Konkordienformel eine getreue Entwicklung und Verteidigung der Lehre des Wortes Gottes und der Augsburgischen Konfession sind." — Unter allen alten Synoden des Ostens hat die Pennsylvania Synode sich zuerst zur vollen Anerkennung der Augs-burger Konfession bekannt. Auch sandte sie zuerst Prediger nach dem fernen Westen, um die Glaubensgenossen in Gemeinden zu sammeln. Es sei nur an Missionar C. F. Heyer erinnert.

Anstalten hat die Synode:

1. Das theol. Seminar in Philadelphia, mit sechs Professoren: Dr. W. J. Mann, Dr. C. W. Schäffer, Dr. A. Späth, Dr. H. E. Jacobs, Dr. J. Fry und Dr. H. V. Hilprecht. — Das Seminar wurde 1864 in No. 42 Nord 9. Straße mit 11 Studenten eröffnet. 1866 zog man nach No. 212 Franklin Straße. Das Gebäude wurde 1873 um das Doppelte vergrößert und diente bis 1889 als Seminar. Siehe das Bild auf Seite 142. Jetzt ist es nach Mt. Airy verlegt. Es hat gegenwärtig 75 Studenten.

Das Mühlenberg College in Allentown, Pa.

2. Das Mühlenberg Collegium in Allentown, Pa., mit acht Lehrern und 137 Zöglingen. Dasselbe wurde 1867 gegründet.

3. Das Waisenhaus und Asyl in Germantown mit 70 Waisen und 30 Alten. (Hausvater Pastor G. Ph. Müller.)

Das General-Konzil oder Allgemeine Kirchenversammlung.

Das **General-Konzil** wurde 1867 in Fort Wayne, Ind., gegründet. Die Pennsylvania Synode war mit sieben anderen Synoden aus der General-Synode ausgetreten, weil diese die unlutherische „Franckean-Synode'' aufgenommen hatte. Die Pennsylvania Synode hatte Delegaten anderer Synoden nach Reading, Pa., eingeladen, um eine neue Verbindung zu gründen. Delegaten von 13 Synoden versammelten sich am 11. Dezember 1866 in Reading. Die Konstitution der neuen Organisation, welche angenommen wurde, erklärt, daß „die Einheit der evang.-lutherischen Kirche als eines Teiles der heiligen christlichen Kirche davon abhängt, daß sie bei einem und demselben Glauben beharre, dessen Bekenntnis sie ihre Besonderheit und ihren Namen, ihre bürgerliche Anerkennung und ihre Geschichte verdanke;'' daß „in ganz ausgezeichnetem Sinne die ‚Ungeänderte Augsburgische Konfession' das Bekenntnis jenes Glaubens sei,'' daß „daher nur diejenigen Gemeinden irgend eines Landes in einer wirklichen Gemeinschaft und Einheit mit jener Kirche stehen, und folgerichtig zum Namen ‚Evangelisch-Lutherisch' berechtigt seien, welche sich aufrichtig, und in der That und Wahrheit zu den Lehren der ‚Ungeänderten Augsburgischen Konfession' bekennen.'' In Beziehung auf die anderen Bekenntnisschriften der evang.-luther. Kirche, namentlich die Apologie der „Augsburgischen Konfession,'' den „Großen und Kleinen Katechismus'' Luther's, die „Schmalkaldischen Artikel'' und die „Konkordienformel'' wurde die Überzeugung ausgesprochen, daß sie alle, samt der „Ungeänderten Augsburgischen Konfession'' in völliger Übereinstimmung eines und desselben

12

schriftgemäßen Glaubens stehen. In Beziehung auf die Verfassung wird festgesetzt, daß die „Allgemeine Versammlung," zu der die in ihr repräsentierten Synoden zum wenigsten einen ordinierten Geistlichen und einen Laien senden, jährlich zusammentreten soll. Der Missouri Synode, welche den Eintritt in die Allgemeine Kirchenversammlung ablehnte, sich aber für eine freie Konferenz zur Besprechung der Lehrdifferenzen bereit erklärte, wurde erwidert, daß die „Allgemeine Versammlung" auf den letzteren Vorschlag einzugehen bereit sei. Die Vereinigte Synode von Ohio, sowie die Jowa Synode wünschten Erklärungen gegen den Chiliasmus, gegen Abendmahlsgemeinschaft und Kanzelgemeinschaft mit Sektierern, sowie gegen geheime Gesellschaften in die Lehrbasis aufgenommen, die Majorität war aber hierfür nicht vorbereitet und verwies die Angelegenheit an die Distrikt-Synoden.

Vielfach wurden damals die sog. „vier Punkte" in den kirchlichen Blättern besprochen. Diese waren: (1) Wie steht das Konzil zum Chiliasmus (1000jährigen Reich)? (2) Wie zur Abendmahlsgemeinschaft mit Fremdgläubigen? (3) Wie zur Kanzelgemeinschaft mit Sektierern? (4) Wie zu den geheimen Gesellschaften?

Besonderes Gewicht legte das neue General-Konzil auf die alten Gottesdienstformen unserer Kirche, welche im 16. Jahrhundert in Gebrauch waren. Mit größter Sorgfalt und Umsicht wurden die alten Gottesdienstordnungen, Psalmen, Gebete und Lieder im Kirchenbuch niedergelegt.

Die Synoden von Pennsylvania, New York, Ohio (englische) Pittsburg, Jowa, Michigan, Canada, Illinois, Wisconsin, Minnesota, Ohio (deutsch), Distrikt-Synode von Ohio (englische), schwedische Augustana Synode hatten 1867 Delegaten geschickt. Die deutsche Ohio Synode trat nicht bei und auch nicht die Jowa Synode, welche eine zuwartende Stellung einnahm. 1868 trat die Texas Synode ein. Aus traten wieder: 1869 die deutsche Wisconsin Synode, 1871 die deutsche Minnesota und Illinois Synode, und 1888 die deutsche Michigan Synode. Heute bilden folgende 8 Synoden das Konzil:

	Organisiert.	Pastoren.	Gem.	Kommunik.
Die Synode von Pennsylvanien	1748	271	451	114,550
Das luth. Ministerium von New York . .	1786	120	120	44,390
Die Pittsburg Synode	1845	124	197	22,177
Die Synode von Texas	1851	31	66	7,170
Die engl. luth. Distrikt-Synode von Ohio	1857	33	62	8,235
Die schwedische Augustana Synode . . .	1860	·325	637	84,533
Die Canada Synode	1861	39	87	8,924
Die Indiana Synode.	1871	17	31	2,939
		960	1651	292,968

2. Die New York Synode (deutsch).

„Das evangelisch lutherische Ministerium des Staates New York, und angrenzender Staaten und Länder" wurde 1786 in Albany gegründet. Die Synode war ganz deutsch und blieb es 25 Jahre; dann wurde sie englisch und über 50 Jahre wurden alle Geschäfte in englischer Sprache gethan. Seit dem Austritt der englischen Pastoren (1867) ist die Synode wieder deutsch. Ähnlich ging es mit dem Bekenntnis. Die Gründer waren Lutheraner, aber ihre Nachfolger waren rationalistisch und dann methodistisch und ebenso ihre Gesangbücher, Katechismen 2c. Erst die neuere starke Einwanderung aus Deutschland brachte lutherische Männer in die Synode, die am Bekenntnis festhielten. Erst 1859 wurde ein Bekenntnis-Paragraph in die Konstitution aufgenommen, der die Augsburger Konfession annahm. 1867 bekannte sich die Synode zur Lehrbasis des General-Konzils.

Fünf Synoden sind aus dem New York Ministerium im Laufe der Zeit hervorgegangen: Die Hartwick Synode (1830), New Jersey Synode (1859), die deutsche lutherische Synode von New York (1866—1872), die englisch lutherische Synode von New York (1867). 1886 feierte die Synode ihr 100jähriges Jubiläum und zählt heute 120 Pastoren, 125 Gemeinden und 45,000 konfirmierte Glieder.

Anstalten. Das älteste theologische Seminar der luth. Kirche Amerikas gehörte zur New York Synode: „Hartwick Seminar." Pastor J. C. Hartwick zu Rhinebeck, N. Y., kaufte 1754 von den Indianern 21,500 Acker Land und vermachte dasselbe für ein Missionshaus zur Ausbildung von Missionaren unter den Heiden. 1815

Pastor Christian Volz in Buffalo, † 1883.

wurde ein lutherisches Seminar eröffnet. 7 Professoren und 92 Studenten sind jetzt im College und Seminar. Die Anstalt fiel an die General-Synode 1867. — Die Matthäus-Gemeinde in New York gründete eine Akademie, welche jetzt zur Missouri Synode gehört. — Eine College in Newark, N. J., bestand nur wenige Jahre. — Seit 1883 ist das Wagner College in Rochester, N. Y., begonnen

(Paſtor Steinhäuſer, Direktor), das 4 Lehrer und 45 Schüler zählt.—
Zur Gründung der deutſchen Profeſſur im Seminar in Phila=
delphia (1872) ſollen $30,000 geſammelt werden. — Das Emi=

Das Waiſenhaus „Wartburg" zu Mount Vernon, N. Y.

grantenhaus in New York gehört zwar nicht der Synode, ſondern
einer Aktien=Geſellſchaft, wurde aber durch den Fleiß und die Aus=
dauer von Paſtor Berkemeier gegründet; iſt ſchuldenfrei und reprä=

sentiert einen Wert von über $100,000. In demselben aber ist eine lutherische Kapelle und die Emigranten=Mission, die dem General=Konzil jährlichen Bericht erstattet, und schon sehr viel Gutes gethan hat. — Auch die Waisenhäuser zu Mount Vernon, N. Y. (Hausvater Pastor G. Berkemeier) und in Buffalo (Hausvater Pastor J.

Das Knaben=Waisenhaus in Sulphur Springs, N. Y.

Brezing), und in Sulphur Springs (Hausvater Pastor U. Berner), sind nicht Synodal = Anstalten, werden aber von den Gemeinden unterstützt. Der Gründer der zwei letzten Anstalten war Pastor Chr. Volz, der 26 Jahre lang an der St. Johannis=Gemeinde in Buffalo, N. Y., stand. Auf Wards Island war seit 1875 Pastor L. H. Gerndt thätig.

3. Die Pittsburg Synode (englisch).

Die Pittsburg Synode wurde 1845 von 8 Pastoren und 6 Delegaten in der Stadt Pittsburg gegründet. Die 8 Pastoren gehörten 7 verschiedenen Synoden an. Heute zählt die Synode 125 Pastoren,

200 Gemeinden und 21,000 Kommunikanten. Auch sandte sie 1850 einen Missionar nach Canada, 1851 nach Texas und nach Minnesota. Das Thiel College ist eine Synodalanstalt, hat 6 Lehrer und 90 Schüler (Knaben und Mädchen). Die Waisenanstalten in Rochester, Pa., und Zelienople, Pa., gehören nicht der Synode, werden aber von Gliedern unterstützt. Die Synode hat wenige deutsche Pastoren, welche eine deutsche Konferenz gebildet haben.

4. Die Texas Synode (deutsch).

„Die erste deutsche evang.=lutherische Synode von Texas" wurde 1851 in Houston durch Pastor C. Braun mit 6 Sendboten, die der eifrige Missionsfreund C. F. Spittler geschickt hatte, gegründet. Von den Pionieren steht noch Pastor J. C. Röhm auf seinem Posten. 1853 schloß die Synode sich der General=Synode an und 1868 an das Konzil. Der Versuch, in Rutersville, Tex., ein College zu gründen, schlug anfangs der 70er Jahre fehl. Jetzt wird in Brenham ein neuer Versuch gemacht. Die Synode zählt 31 Pastoren, 66 Ge= meinden und 7000 konfirmierte Glieder.

5. Die Distrikts=Synode von Ohio (englisch).

In der Ohio Synode hatte sich 1857 ein englischer Distrikt gebildet. Dieser englische Distrikt schloß sich 1867 dem General= Konzil an und gehört noch dazu. Er zählt heute 33 Pastoren, 62 Ge= meinden und 8000 konfirmierte Glieder. Besondere Anstalten besitzt die Synode nicht.

6. Die Canada Synode (deutsch).

„Die evang.=luth. Synode von Canada" wurde 1861 gegründet. Von der Pittsburg Synode unternahm Pastor G. Baßler 1850 eine Reise nach Canada. Dann wurde eine Canada=Konferenz (1853) ge= gründet, die 1859 9 Pastoren mit 19 Gemeinden zählte. Aus dieser

Konferenz ging die Synode hervor. Schon 1775 wurde die erste lutherische Gemeinde in Canada gegründet. Von New York kamen die Prediger. In den Gemeinden, die von 1830—1850 existierten, sah es traurig aus. Sittenlose Menschen zogen als Pfarrer nach Canada. Die Gründung der Synode that dem Unwesen Einhalt. 1869 wurde das Lutherische Kirchenblatt gegründet. In den letzten Jahren erhielt die Canada=Synode aus Kropp und anderen deutschen Anstalten tüchtige Hilfe. Dadurch hat sich dieselbe bedeutend gehoben. 1867 trat die Synode dem Konzil bei und 1885 wurde sie inkorporiert. Im Dezember 1888 gründete sie die Nordwestmission in Manitoba, welche gute Fortschritte machte. Heute zählt die Synode 40 Pastoren, 87 Gemeinden und 10,000 konfirmierte Glieder.

7. Die schwedische Augustana Synode (schwedisch).

Die erste schwedisch=lutherische Gemeinde (nach dem Untergang der schwedischen Gemeinde im vorigen Jahrhundert) gründete 1850 Pastor Lars P. Esbjorn in Andover, Jlls. Seit 1849 giebt es eine große Einwanderung aus Schweden, besonders nach Minnesota, wo die Schweden den 6. Teil der Bevölkerung bilden. In Chicago sind sie auch sehr zahlreich. Prof. Dr. Hasselquist († 1891) gründete das schwedische Blatt „Hemlandet" und „Augustana och Missionären" und hatte als Pastor und Professor den größten Einfluß. 1860 gründeten 28 Pastoren aus Schweden die „Augustana Synode" und ein Seminar in Chicago, das seit 1876 nach Rock Island, Jlls., verlegt ist. 1876 schloß sich die Synode dem General=Konzil an. Viel Zeit wird bei den Synoden auf Lehrbesprechungen verwandt; darum wissen Pastoren und Laien auch, was sie wollen und sollen. Dann legen sie großes Gewicht auf Gemeindeschulen und einen tüchtigen Konfirmanden= Unterricht. Die Synode erstreckt sich von New York bis San Francisco und von Canada bis Mexico. In Chicago sind 15

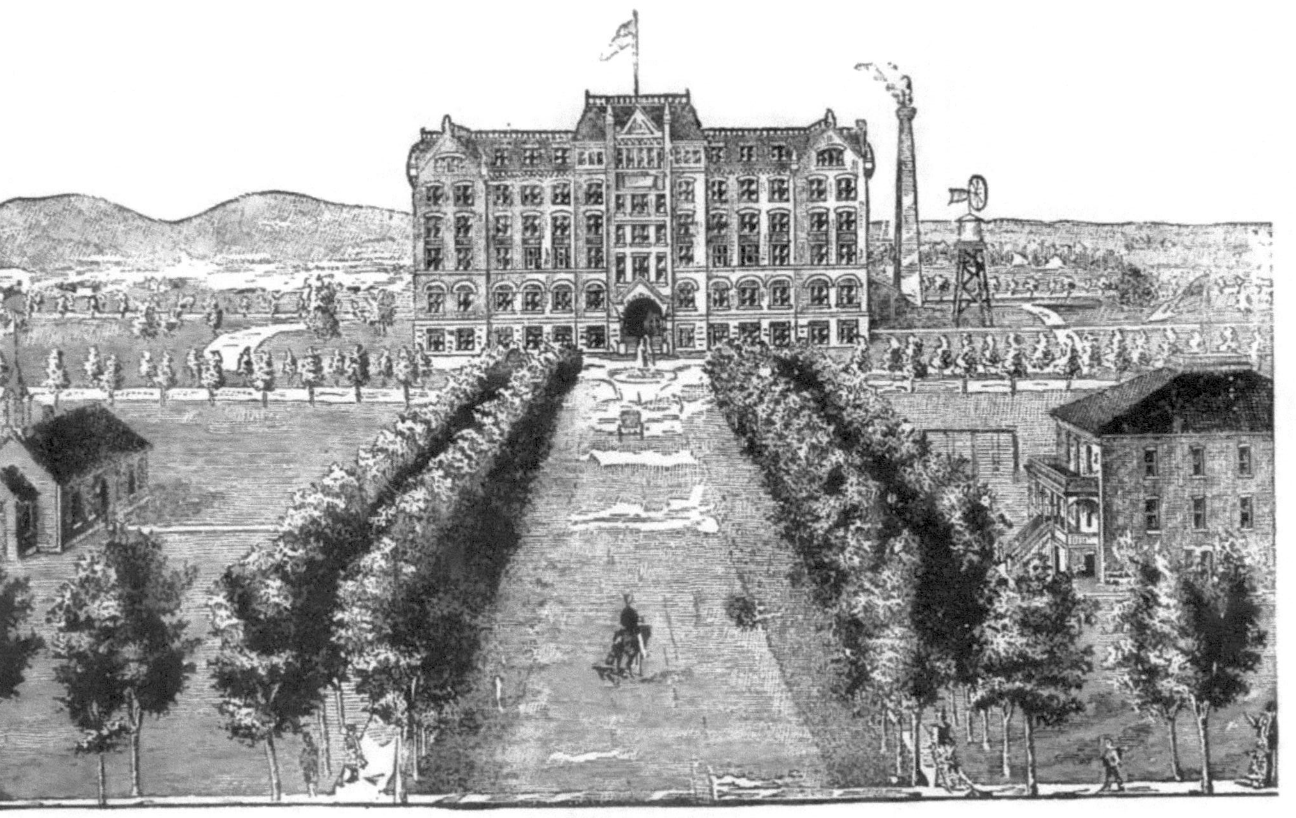

Bethanien College in Lindsborg, Kansas.

schwedische Gemeinden und in Minneapolis und St. Paul wohnen 50,000 Schweden. Ihre Anstalten sind:

Das schwedische Augustana College in Rock Island, Jlls.

In Rock Island, Jlls. . . . Seminar,	4 Professoren,	42 Studenten.
" " " " " . . . College,	18 Lehrer,	300 Zöglinge.
" St. Peter, Minn. . . . . "	15 "	289 "
" Lindsborg, Kan. . . . . "	17 "	334 "
" Wahoo, Nebr. . . . . . "	5 "	89 "
" Willmar, Minn. . . . "	6 "	281 "
" Moorhead, Minn. . . "	8 "	140 "
" Minneapolis, Minn. . "	5 "	91 '
" Stanton, Jowa . . . "	3 "	50 "

Ein Diakonissenhaus ist in Omaha, Nebr., durch Pastor E. A. Fogelström gegründet worden. Waisenhäuser in Andover,

Jlls., Vasa, Minn., Stanton, Jowa, Mariedahl, Kansas, James=
town, N. Y)., Omaha, Nebr.   Hospitäler: in Chicago und St.
Peter, Min.   Die Synode zählt 335 Pastoren, 637 Gemeinden und
84,533 konfirmierte Glieder und 160,000 Seelen.   In 290 Ge=

Missionar Wilhelm Grönning †.

meindeschulen werden 14,000 Kinder unterrichtet.   Die Zahl der
Professoren und Lehrer in den Anstalten ist 75 und der Schüler der
Anstalten 1300.   Für innere Mission und äußere Mission sind die
Schweden sehr eifrig.   Aber sie lassen auch keinen anderen Kirchen=
körper in ihre Arbeit und Verwaltung drein reden.

8. Die Indiana-Synode (englisch).

Die Indiana-Synode wurde 1871 gegründet und hat bisher noch wenige Fortschritte gemacht. Sie besteht aus 17 Pastoren, 31 Gemeindlein und 2939 konfirmierten Gliedern.

Eine **neue englische** Synode wurde 1891 im Nordwesten von 6 Pastoren in Milwaukee, Wis., gegründet. Dieselbe umfaßt Wisconsin, Minnesota und Dakota. Sie zählt 6 Gemeindlein mit 350 Gliedern. Sie wird sich dem Konzil anschließen.

Die Missionsthätigkeit des Konzils nimmt eine Anzahl Männer in Anspruch. Die Innere Mission wird von drei verschiedenen Behörden geleitet: englisch, deutsch und schwedisch. Die Schweden besorgen ihre Arbeiten allein und verlesen nur ihren Bericht beim Konzil. — Die Heidenmission des Konzils haben wir voriges Jahr ausführlich in dem Buche „Wilh. Grönnings Leben und Wirken" besprochen.

Anstalten in den Synoden des General-Konzils.

Name.	Lage.	Präsident.	Lehrer	Studenten
Theologische Seminare:				
Philadelphia	Mt. Airy, Philada., Pa.	Dr. C. W. Schäffer	6	75
Schwedisches Augustana	Rock Island, Jll.	Dr. D. Olsson	4	42
Englisches	Chicago, Jll.	Dr. J. Roth	2	6
Colleges:				
Augustana	Rock Island, Jll.	Dr. D. Olsson	18	300
Mühlenberg	Allentown, Pa.	Dr. T. L. Seip	8	137
Thiel	Greenville, Pa.	Dr. F. A. Mühlenberg	6	90
Gustav Adolf	St. Peter, Minn.	Past. M. Wahlstrom	15	289
Bethany	Lindsborg, Kan.	Past. C. A. Swensson	17	334
Wagner Memorial	Rochester, N. Y.	Past. J. Steinhäuser	4	45
Academien:				
Luther Academy	Wahoo, Neb.	Prof. S. M. Hill	5	89
Hope Academy	Moorhead, Minn.	Past. S. A. Challman	8	140

Name.	Lage.	Hausvater.
Waisenhaus und Asyl	Germantown, Pa.	Past. G. P. Müller.
„ für Mädchen	Rochester, Pa.	Frl. E. Rupprecht.
„ für Knaben	Zelienople, Pa.	Past. J. A. Kribbs.
„ schwedisch	Andover, Jll.	
„ „	Vasa, Minn.	Past. A. A. Hultgren.
„ „	New Stanton, Ja.	C. O. Dahlgren.
„ „	Mariedahl, Kan.	P. J. Berg.
Gustav Adolf Waisenhaus	Jamestown, N. Y.	Past. M. T. Englund.
Hospital	St. Paul, Minn.	Past. C. M. Nysen.
Diakonissenhaus	Philadelphia, Pa.	Past. A. Cordes.
„	Omaha, Neb.	Past. E. A. Fogelström.
Emigranten-Mission	New York, N. Y.	Past. W. Berkemeier.
„ „ schwedische	New York, N. Y.	Past. A. B. Lilja.

II. Synodal-Konferenz.

1. Die Missouri-Synode (deutsch).

„Die deutsche evang.-lutherische Synode von Missouri, Ohio und andern Staaten" wurde 1847 gegründet. Die Gründer waren Sachsen und Bayern. Die Sachsen ließen sich in Missouri nieder und die Bayern in Michigan. — In Sachsen, wie an anderen Orten herrschte um das Jahr 1830 der Rationalismus. Da sammelte ein Mann, Martin Stephan, Pastor in Dresden, große Scharen erweckter Seelen um sich und richtete ihre Augen nach Amerika, wo das wahre Luthertum eine Zufluchtsstätte finden sollte. 1838 erklärten sich 707 Personen (Pfarrer, Lehrer, Ärzte, Künstler, Bauern und Hand=werker, Männer, Weiber und Kinder) bereit, nach Amerika auszu=wandern. In eine Kasse wurde das Vermögen eingezahlt und fünf Segelschiffe gemietet. Stephan war der Führer. Im November 1838 liefen die fünf Schiffe aus Bremerhafen. Ein Schiff ging mit allen Personen unter. Nach zwei Monaten kamen vier Schiffe nach New Orleans und dann ging es nach St. Louis, Mo. (das 16,000 Einwohner hatte). Stephan ließ sich zum Bischof machen und re=gierte wie ein Pascha. Als sittenloser Mensch wurde er entlarvt und abgesetzt; er starb elend 1846. In dieser Notzeit (1839) trat Karl Ferd. Wilh. Walther als Führer vor und blieb es bis zu seinem Tode 1887. Ein Seminar gründeten die Pastoren Fürbringer, Brohm, Bünger, Walther, Löber und Keyl in einer Blockhütte zu Altenburg, Mo. In St. Louis wurde 1842 die erste lutherische Kirche und Schule gebaut und diese Stadt blieb der Sitz der Synode. Lange Zeit hatten diese sächsischen Prediger und Gemeinden mit Armut, Not und Gefahr zu kämpfen. Am Glauben ihrer Väter treu festhaltend, suchten sie von Anfang an Sorge dafür zu tragen, daß die

Prof. Dr. Karl Ferd. Wilh. Walther.

von ihnen als Gotteswahrheit hochgeschätzte lutherische Lehre auch auf
ihre Nachkommen verpflanzt werde. Sie errichteten daher mit dem
Aufblühen ihrer Ansiedelungen sofort deutsche Gemeindeschulen und
trugen Sorge für die Herausgabe lutherischer Bücher (Gesangbuch)
und Blätter („Der Lutheraner," gegründet 1844 von C. F. W.
Walther, seit 1841 Pastor in St. Louis, von 1850 bis 1887 Pro=

Das erste Seminar der Missouri=Synode in Altenburg, Mo.

fessor am Concordia College daselbst). Durch den „Lutheraner"
wurden nun auch andere, ihnen gleichgesinnte Männer auf die Sachsen
aufmerksam. Auf einen im Jahre 1841 ergangenen Notruf des
Pastors F. Wyneken, welcher damals unter den Deutschen Indiana's
als Missionar thätig war, hatte nämlich Pfarrer W. Löhe zu Neu=
endettelsau in Bayern eine Anzahl Männer nach Amerika zu gehen
veranlaßt, um die im Westen zerstreuten deutschen Lutheraner aufzu=

suchen und in geordnete Gemeinden zu sammeln. In Michigan wurde eine Missionskolonie unter den Chippewas (Pastor A. Crämer) und in Fort Wayne, Ind., ein Seminar zur Ausbildung von Pre=

Past. Friedr. Konr. Dietrich Wyneken.

bigern (Prof. Wolter, Dr. W. Sihler) gegründet. Die durch Pfarrer Löhe's Vermittelung nach Amerika gekommenen Prediger hatten sich zwar an die Synoden von Ohio und Michigan angeschlossen, sahen ſich jedoch bald genötigt, wieder auszutreten (in den Jahren 1845 und 46) und knüpften nun mit den ihnen geiſtesverwandten Sachſen vorerſt briefliche Verbindung an. 1846 wurde ſodann in St. Louis, Mo., die erſte Beratung wegen Gründung einer ſtrenglutheriſchen Synode gehalten. Die erſte Jahresverſammlung der von acht Gemeinden mit ihren Predigern gegründeten Synode wurde vom 26. April bis 6. Mai 1847 in Chicago, Jll., abgehalten. Mit den während dieſer Sitzung Aufgenommenen beſtand die Synode aus 12 Gemeinden und 22 Predigern, von denen aber nur die, welche zur Synode gehörende Gemeinden bedienten, ſtimmfähig waren. Die wichtigſten Punkte der Konſtitution ſind folgende: Als „Gründe für die Bildung eines Synodalverbandes‟ werden aufgeführt: 1. Das Vorbild der apoſtoliſchen Kirche (Apoſt. Geſch. 15). — 2. Der Wille des Herrn, daß ſich die mancherlei Gaben zum gemeinſamen Nutzen erzeigen ſollen (1 Kor. 12). — 3. Vereinte Ausbreitung des Reiches Gottes und Ermöglichung und Förderung beſonderer kirchlicher Zwecke (Seminar, Agende, Geſangbuch, Konkordienbuch, Schulbücher, Bibelverbreitung, Miſſionsarbeit u. ſ. w.). — 4. Erhaltung und Förderung der Einheit des reinen Bekenntniſſes (Eph. 4, 3—6, 1 Cor. 1, 10) und gemeinſame Abwehr des ſeparatiſtiſchen und ſektieriſchen Weſens (Röm. 16, 17). — 5. Schützung und Wahrung der Rechte und Pflichten der Paſtoren und Gemeinden. — 6. Herbeiführung der größtmöglichen Gleichförmigkeit im Kirchenregiment.‟

Die „Bedingungen zum Anſchluß an die Synode‟: „1. Das Bekenntnis zu den Schriften Alten und Neuen Teſtaments als dem geſchriebenen Worte Gottes und der einzigen Regel und Richtſchnur des Glaubens und Lebens. 2. Annahme der ſämtlichen ſymboliſchen Bücher der evang.lutheriſchen Kirche, als der reinen Erklärung und Darlegung des göttlichen Wortes. 3. Losſagung von aller Kirchen und Glaubensmengerei (Bedienen gemiſchter Gemeinden als ſolcher, von Seiten der Diener der Kirche, Teilnahme an dem Gottesdienſt und den Sakramentshandlungen andersgläubiger und gemiſchter Ge

meinden, Teilnahme am Traktaten= und Missionswesen anders=
gläubiger Gemeinden). 4. Alleiniger Gebrauch lutherischer Kirchen=
und Schulbücher (Agenden, Gesangbücher, Katechismus, Lehr=
bücher 2c.). Wenn es in Gemeinden nicht thunlich ist, vorhandene
Gesangbücher mit lutherischen zu vertauschen, so kann der Prediger
einer solchen Gemeinde nur unter der Bedingung Glied der Synode
werden, wenn er das betreffende Gesangbuch 2c. mit Protest ge=
brauchen und allen Ernstes auf Einführung eines lutherischen hin=
wirken zu wollen verspricht. 5. Ordentlicher (nicht zeitweiliger Beruf
der Prediger und ordentliche Wahl der Deputierten durch die Gemeinden,
sowie Unbescholtenheit des Wandels der Prediger und der Deputierten.
6. Besorgung der Gemeinden mit christlichem Schulunterricht.
7. Alleiniger Gebrauch der deutschen Sprache in den Synodalverhand=
lungen. Nur Gäste können in anderen Sprachen zur Synode reden,
wenn selbige der deutschen Sprache nicht mächtig sind. 8. Unbekannte
können nicht als Glieder der Synode eintreten, es sei denn, daß sie
sich, was Lehre und Leben betrifft, gehörig ausweisen können."

„Die Synode ist in betreff der Selbstregierung der einzelnen
Gemeinden nur ein beratender Körper. Es hat daher kein Beschluß
der ersteren, wenn selbiger der einzelnen Gemeinde etwas auferlegt,
als Synodalbeschluß für letztere bindende Kraft. Letztere kann ein
solcher Beschluß erst dann haben, wenn ihn die einzelne Gemeinde
durch einen förmlichen Gemeindebeschluß freiwillig angenommen und
elbst bestätigt hat. Findet eine Gemeinde den Beschluß nicht dem
Worte Gottes gemäß, oder für ihre Verhältnisse ungeeignet, so hat sie
das Recht, den Beschluß unberücksichtigt zu lassen oder zu verwerfen."

Die Synode wurde bald in heftige Lehrstreitigkeiten ver=
wickelt, und zwar nicht nur mit nichtlutherischen Gemeinschaften
(besonders den römischen Katholiken, Unierten und Methodisten),
sondern auch mit „lutherisch sich nennenden" Körperschaften. Die
wichtigsten unter diesen Lehrkämpfen sind: 1. Mit der General=
Synode. Gegen diese erhob die Missouri-Synode die Beschuldigung,

daß sie nicht lutherisch, sondern unter lutherischem Namen uniert sei, und daß sie zur Pflanzung lebendigen Christentums „neue Maß= regeln" eingeführt habe, welche mit der Lehre und Praxis der ur= sprünglichen lutherischen Kirche im Widerspruch stehen. 2. Mit der Buffalo Synode. Eine Anzahl Lutheraner hatten sich seit 1839 in Buffalo, Milwaukee 2c. niedergelassen und unter Pastor Grabau (in Buffalo) eine Synode gebildet. Kaum war Pastor Grabau mit den Sachsen in Berührung gekommen, als ein heftiger Lehrstreit über Kirche und Amt, Ordination, Bann, Kirchenordnung u. s. w. ent= brannte. Die Missourier verwarfen die Grabau'sche Auffassung als eine hierarchische und romanisierende. Im Laufe der Zeit traten viele Glieder der Buffalo Synode über. 3. Mit der Jowa Synode. Löhe arbeitete zuerst mit den Missouriern. Dann gab es Lehr= differenzen. Eine Delegation nach Deutschland (1851) vermochte nicht die Einigkeit herzustellen. Es wurde die Jowa Synode ge= gründet. Der Kampf drehte sich um den Chiliasmus, „offene Fragen," um den Sonntag und die Lehre vom Antichrist. Ein Kolloquium in Milwaukee (1867) führte nicht zur Einheit. 4. Mit dem General= Konzil. Missouri hielt die „vier Punkte" vor und Untreue in der Praxis.

1872 feierte die Missouri Synode ihr 25jähriges Jubiläum. Sie hatte 428 Pastoren und 251 Schullehrer. Jetzt ist die Synode in 13 Distrikts=Synoden geteilt, die sich über die ganze Union erstrecken. Sie zählt 1187 Pastoren, 1631 Gemeinden und 305,350 konfirmierte Glieder und treibt innere Mission unter den Deutschen, hat einen Judenmissionar (Landsmann) in New York, ein „Pilgerhaus" für Emigrantenmission in New York (Pastor Keyl) und einen Missionar in Baltimore. Die Blätter der Synode werden in folgender Anzahl von Exemplaren gedruckt: Der „Lutheraner" 22,000; das „Kinderblatt" 29,000; „Lehre und Wehre" 2000; „Magazin" 1800; das „Schul= blatt" 700. Die „Missionstaube" hat 14,000 Leser, der "Lutheran Pioneer" 4500. Außerdem erscheinen innerhalb der Synode 8 Lokal= und Privatblätter.

In den Waisenhäusern der Synode befinden sich 446 Insassen, nämlich in Des Peres, Mo., 72; in West Roxbury, Mass., 33; in Abbison, Jll., 85; in Delano, Pa., 56; in Wittenberg, Wisc., 73; in New Orleans, 24; in Indianapolis, 21; in College Point, N. Y., 82.

Die Taubstummenanstalt in Norris, Mich., beherbergt 42 Kinder, 19 Knaben und 23 Mädchen.

In den Gemeindeschulen werden 78,060 Kinder von 642 Lehrern unterrichtet, während außerdem noch 579 Pastoren und 143 Lehrerinnen Schule halten. Auf höheren Lehranstalten befinden sich 1043 Lernende, nämlich in St. Louis 141, in Concordia 80, in Fort Wayne 226, in Milwaukee 180, in New York 46, in Abbison 183, in Springfield 191. Dazu kommt das Realgymnasium der Synode, das Walther College in St. Louis, mit 85 Schülern.

Die Synodal-Konferenz (deutsch).

1872 wurde in Milwaukee die Synodal-Konferenz gegründet. Folgende sechs Synoden hatten sich mit ihrer damaligen Pastorenzahl angeschlossen:

	Pastoren.	Gemeinden.	konf. Glieder.
Missouri	440	540	70,213
Norweger	70	256	45,000
Ohio	149	245	27,200
Wisconsin	55	123	20,000
Illinois	30	35	4,250
Minnesota	27	70	5,200
	772	1269	171,863

Die Illinois-Synode schloß sich bald darauf der Missouri Synode ganz an und löste sich auf. 1880 brach der Gnadenwahlstreit aus (Prof. Schmidt und Prof. Walther) und die Ohio Synode und die norwegische Synode traten aus der Synodal-Konferenz aus.

Dieselbe besteht heute aus den vier Synoden: Missouri, Wisconsin, Minnesota und der englischen Missouri Synode. Die Neger=Mission im Süden wird von der Synodal=Konferenz geleitet. Jetzt ist die Rede davon, die Heiden=Mission in Angriff zu nehmen.

2. Die Wisconsin Synode (deutsch).

Als Gründer der Wisconsin Synode muß Pastor Johannes Mühlhäuser in Milwaukee genannt werden. Er gehörte als junger Handwerker dem Basler Jünglingsverein an; wurde 1829 von Vater C. F. Spittler nach Österreich gesandt und zwar nach Wien, dann 1830 nach Tirol 2c. In Brünn wurde er 1831 ins Gefängnis gesetzt und nach 1½ Jahren per Schub nach Hause transportiert. (Er war aus Rozingen, Württemberg, und starb nach segensreicher Arbeit in Milwaukee 1867.) Mit vier Pastoren gründete 1849 Mühlhäuser die Synode von Wisconsin. Von Barmen bezog er aus dem Missions=haus (Insp. Wallmann) junge Pastoren für Wisconsin. Bis 1861 war Mühlhäuser Präses, dann wurde es Pastor Bading (vom Langenberger Verein), der die Synode in ein entschiedeneres Luther=tum führte. 1863 wird in Watertown ein Seminar mit einem Pro=fessor und zwei Studenten eröffnet. Dr. E. F. Moldenke (jetzt in New York) war der erste Professor. 1866 legte er sein Amt nieder und Pastor A. Hönecke (vom Berliner Verein) wurde sein Nachfolger. Dem General=Konzil trat die Synode bei; aber sie trat um der „vier Punkte" willen wieder aus und näherte sich der Missouri Synode. Vom Berliner und Langenberger Verein, welche Kandidaten geschickt hatten, erhielt die Synode den Abschied 1868. Dann gab die Synode ein eigenes Gesangbuch heraus. Mit Missouri einigte man sich, daß sie einen Professor in Watertown anstelle und Wisconsin einen in St. Louis. Fünf Jahre dauerte dieser Vertrag (1874). Im Jahre 1872 war die Synodal=Konferenz in Milwaukee gegründet worden. Die deutschen Synoden dieser Konferenz wollten sich voll=

ständig verschmelzen. Die Illinois Synode that es auch. Dann wollte man in jedem Staate eine Staaten=Synode gründen und ein gemeinschaftliches Seminar haben. Der Norweger Prof. Schmidt trat dagegen auf und die Wisconsin Synode lehnte den Antrag ab. Ein eigenes Seminar eröffnete jetzt die Wisconsin Synode 1878 in Milwaukee; dasselbe hat 3 Professoren und 30 Studenten. Das College in Watertown (seit 1865) hat 8 Lehrer und 175 Schüler. Das „Gemeindeblatt" wurde 1865 und das „Schulblatt" etwas später gegründet. Im Gnadenwahlstreit 1882 traten eine Anzahl Pastoren aus, aber die Synode blieb in der Synodal=Konferenz. Die Wisconsin Synode zählt 125 Pastoren, 253 Gemeinden und 74,754 konfirmierte Glieder.

3. Die Minnesota Synode (deutsch).

Pastor C. F. Heyer (Missionar unter den Telugus) war mit einigen Pastoren der Gründer der evang.=lutherischen Minnesota Synode 1860. Diese gehörte zur General=Synode und schloß sich 1867 dem General=Konzil an. Um der „vier Punkte" willen trat sie unter Pastor J. H. Sieker aus und schloß sich 1872 der Synodal= Konferenz an. Damals hatte sie 25 Pastoren. In New Ulm, Minn., wurde 1884 ein College gegründet, mit welchem zugleich ein Seminar verbunden ist. Im Seminar sind 17 Studenten, im College 22 und in der Vorschule 50. Heute zählt die Synode 63 Pastoren, 100 Ge= meinden und 18,391 konfirmierte Glieder.

4. Die Missouri Synode (englisch).

Die englische evang.=lutherische Synode von Missouri und anderen Staaten wurde 1888 gegründet. In neuerer Zeit geht man in der Missouri Synode an die Gründung englischer Gemeinden, besonders in den Großstädten. Doch geschieht das nicht gewaltsam. Man sammelt die englischen Glieder in einer eigenen Kapelle und bewahrt der deutschen Gemeinde ihr Eigentum. Jetzt zählt diese Synode 21 Pastoren, 28 Gemeinden und 1250 konfirmierte Glieder.

Stand der Synodal-Konferenz.

	Pastoren.	Gemeinden.	konf. Glieder.
1. Missouri Synode	1187	1631	305,350
2. Wisconsin Synode	155	253	74,754
3. Minnesota Synode	63	100	18,391
4. Englische Missouri Synode	21	28	1,250
	1426	2012	399,745

Die Michigan Synode (deutsch).

Am 18. August 1833, als Michigan noch ein Territorium war, kam der damals 26jährige F. Schmid (geb. 1807 in Waldorf, Württ.)

Pastor St. Klingmann.

aus dem Basler Missionshaus nach Michigan und hielt in Detroit (2500 Einwohner) die erste Predigt. Aus den Dörfern bei Stuttgart waren 1830 ein paar Männer nach Michigan gekommen. Bei Ann Arbor ließen sie sich nieder. Sie schrieben hinaus, daß es hier gut wäre. Diese Botschaft ging von Mund zu Mund, und bald siedelten sich 5000 Schwaben in der Gegend an. Pastor F. Schmid gründete die Salems-Gemeinde in Scio, die Gemeinde in Ann Arbor und noch 20 andere im Staate. Nach 38jähriger Arbeit lag er zwölf Jahre krank und starb am 30. August 1883 in Ann Arbor. Pastor Stephan Klingmann und Pastor Chr. L. Eberhardt waren durch ihn 1860 aus Basel gekommen, und im selben Jahre wurde die Michigan Synode gegründet. Pastor Klingmann war elf Jahre Präses der= selben und starb am 17. April 1891 nach 23jähriger Arbeit. — Die Synode gehörte seit 1867 zum General-Konzil, trat 1888 um der „Kanzelgemeinschaft" willen aus und hat 1891 angebahnt, mit der Wisconsin und Minnesota Synode eine **Vereinigung** einzugehen. Ein Seminar wurde 1885 begonnen; dasselbe befindet sich in Saginaw, hat 4 Professoren und 14 Studenten. Die Synode hat 38 Pastoren, 55 Gemeinden und 7995 Glieder.

III. Die General-Synode (englisch).

Am 22. Oktober 1820 wurde die General-Synode gegründet. Die Synode von Pennsylvanien, die damals mehr Pastoren und Gemeinden zählte, als alle anderen lutherischen Synoden zusammen hatten, hatte die Gründung angeregt. Auf der Synode zu Harrisburg (1818) wurde der erste Beschluß gefaßt, die verschiedenen Synoden

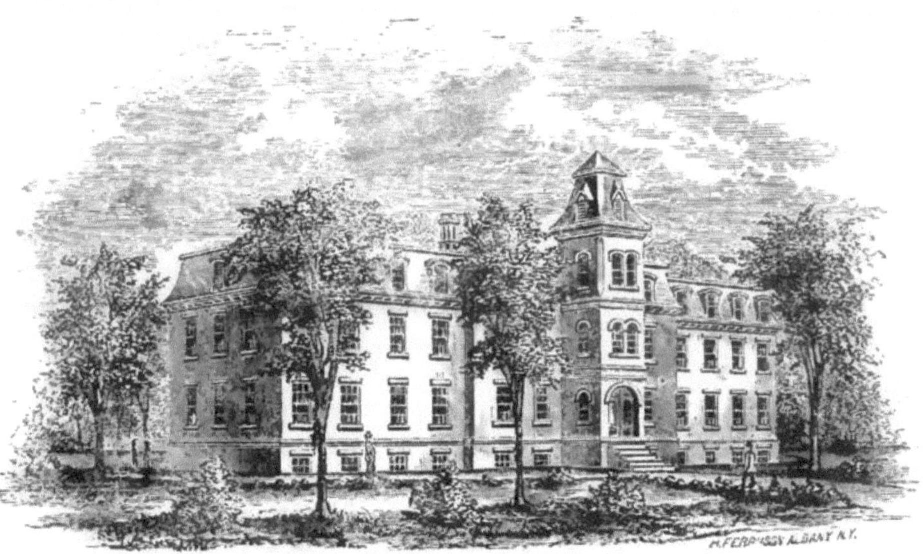
Das älteste luth. Seminar.—Hartwick-Seminar, New York.

der lutherischen Kirche zu vereinigen. Die andern Synoden wurden eingeladen.

In Hagerstown, Md., traten 1820 die Delegaten von Pennsylvanien (8), New York (2), Nord-Carolina (2), Maryland und Virginia (3) zusammen und einigten sich über eine Verfassung. 170 Pastoren zählte damals die ganze lutherische Kirche Amerikas; davon

waren 135 vertreten. Den Synoden wurde die Konstitution zur An=
nahme vorgelegt. 1821 wurde dann die erste Konvention in Frederick,
Md., gehalten. Auf der zweiten Konvention (1823) sagte sich die
Synode von Pennsylvanien wieder von der General=Synode los.
1825 gehörten drei Synoden zur General=Synode: Nord=Carolina,
Maryland und Virginia. Die West=Pennsylvania Synode trennte sich
von der Pennsylvania Synode und wurde auch aufgenommen. Erst

Das Seminar in Gettysburg, Pa.

1831 kam die Hartwick Synode von New York dazu, 1835 Süd=
Carolina, 1837 das N. Y. Ministerium wieder und 1853 die Synode
von Pennsylvanien wieder.

Ein Seminar bestand, das „Hartwick=Seminar.“ Das genügte
nicht. 1825 wurde das Gettysburger theologische Seminar geplant
und als erster Professor Dr. S. S. Schmucker erwählt. Es wurde
dafür in der Pennsylvania Synode und anderen fleißig kollektiert.

Paſtor Dr. Benj. Kurtz wurde beauftragt nach Deutſchland zu reiſen und Gelder und Bücher für das Seminar zu ſammeln. Er brachte rund $10,000 und eine große deutſche Bibliothek mit. Daß ſo bald das Deutſche ausſterben und ein antideutſcher Geiſt Einzug halten werde, daran dachte niemand. Profeſſor S. S. Schmucker kollektierte unter den Lutheranern in Philadelphia.

Carthage College in Carthage, Ill.

In weniger als einem Jahr kamen $17,513 zuſammen. Da Gettysburg, Pa., $7000 und die Benutzung eines Gebäudes anbot, ſo wurde Gettysburg als der zentralſte Ort erwählt. Im September 1826 wurde mit 10 Studenten das Seminar eröffnet; von den erſten iſt Dr. J. G. Morris noch als fleißiger Schreiber thätig. Gettys=burg war lange die Hauptanſtalt zur Ausbildung lutheriſcher Paſtoren geblieben. Dr. Benj. Kurtz wurde, trotz Abratens der Kirche, der

Gründer des Missions=Instituts in Selinsgrove, Pa., um solche Leute, die wegen ihres Alters oder sonst verhindert waren, einen klassischen und theologischen Unterricht zu genießen, doch als lutherische Prediger heranzubilden. Diese Anstalt besteht noch, hat jetzt zwei Lehrer und 14 Studenten. Damals und lange Jahre nachher hielt man viel auf methodistische Bekehrungen und Temperenzversamm=

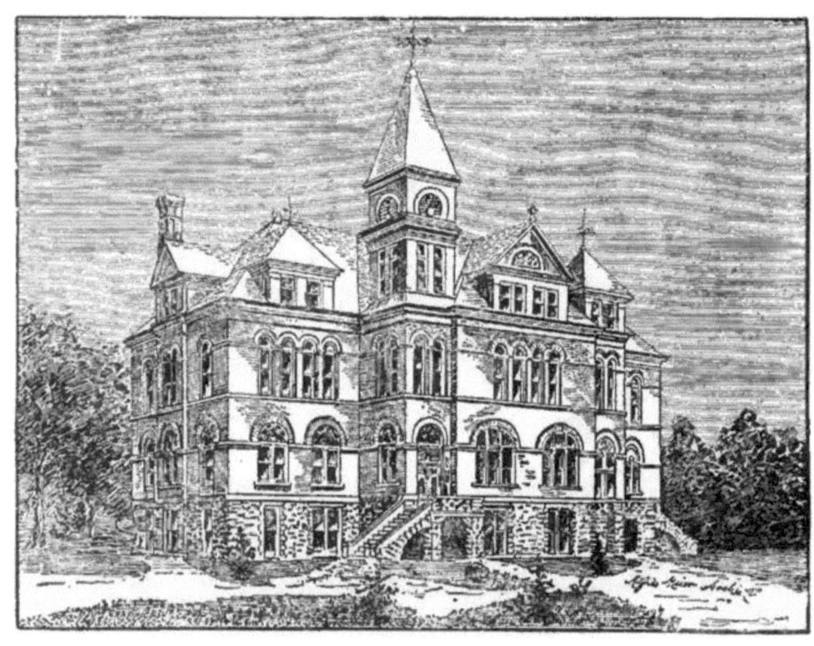

Midland College in Atchison, Kansas.

lungen. In denselben ging es sehr lebhaft und feurig zu. Aber der „Vater" des Gettysburger Seminars war 40 Jahre lang Professor Dr. S. S. Schmucker, Sohn des Pastors J. G. Schmucker. Er hatte seine theologische Bildung im presbyterianischen Seminar in Princeton, N. J., erhalten. Er war mit besonderen Gaben als Führer ausgestattet und galt als der tüchtigste Mann in der lutherischen

Kirche. Die Ausarbeitung von Gottesdienstordnungen, Agende, Ka=
techismus, Konstitutionen, englisches Gesangbuch) gehörten zu seinen
Lieblingsbeschäftigungen. Seine hauptsächlichsten Bücher sind: Pop-
ular Theology, Psychology, Lutheran Manual and the Lutheran
Church in America. 1846 wohnte er der ersten Versammlung der
evangelischen Allianz in London bei, wo man ihn den „Vater der
Allianz" nannte. Er war für seine Kirche unermüdlich thätig, per=
sönlich fromm und sehr weitherzig gegen alle Sekten, nur nicht gegen die
entschiedene lutherische Lehre. Als man 1850 anfing, das lutherische

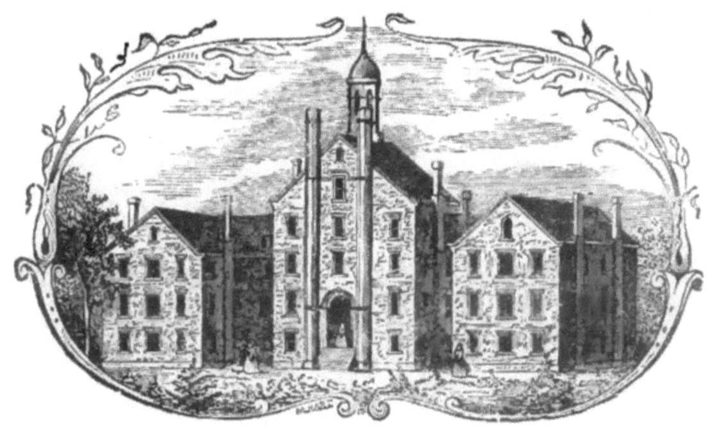

Töchterschule in Lutherville, Md.

Bekenntnis zu betonen, trat er mit aller Macht seiner Rede und Feder
dagegen auf. Statt göttlicher Wahrheit fand er in den lutherischen
Lehrstücken nur Irrtum. 1829 unternahm Schmucker eine Kollekten=
reise, namentlich unter Kongregationalisten, und brachte $14,917
zurück zur Fundierung einer zweiten Professur. Der Vorschlag,
einen lutherischen Theologen aus Deutschland als Professor zu be=
rufen, stieß auf Widerstand. Bis 1864 blieb Schmucker mit der
Anstalt in Gettysburg verbunden. Viele hundert Pastoren, welche
seine Schüler waren, vertraten seine Ansicht. Von der Pennsylvania

Synode wurde das Gettysburger Seminar unterstützt, 1851 auch eine
deutsche Professur im Pennsylvania College in Gettysburg von ihr
fundiert. Das „Neu-Maßregelwesen" war eingerissen. In vielen
lutherischen Kirchen stand eine „Buß- und Angstbank," an der sich
die Leute bekehrten. Von diesem Wesen wollten viele Pastoren der
Pennsylvania Synode nichts wissen. Doch fand 1853 wieder die Aufnahme der Pennsylvania Synode in die General-Synode statt.

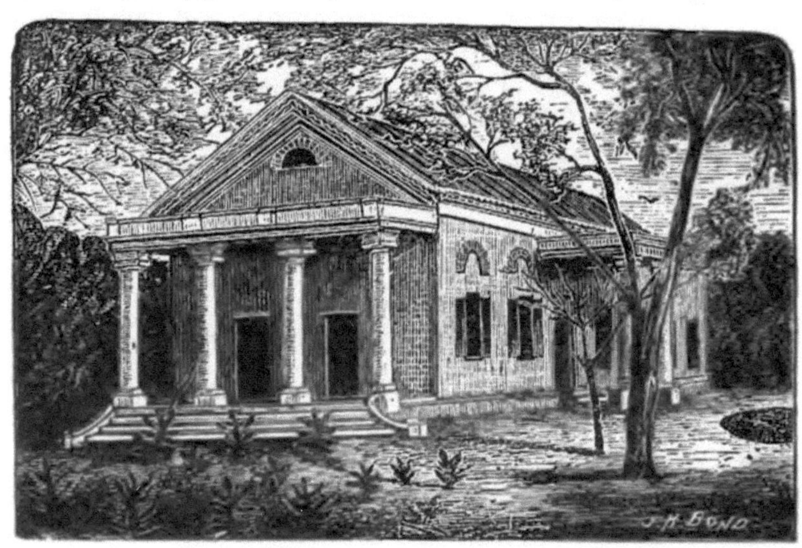

Missionshaus in Guntur, Indien.

Wir können hier den Gründungen der einzelnen Synoden, die
jetzt fast alle englisch sind und mit der General-Synode von Anfang
an in Verbindung traten, nicht nachgehen. Darum folgen hier nur
kurze Notizen. 1835 wurde „die Synode des Westens" aus Gemeinden in Kentucky, Indiana, Illinois und Missouri gegründet.
Diese trat 1840 in die General-Synode; dann die Ost-Pennsylvania
Synode, die 1842 aus der Mutter-Synode austrat und das Neu-Maßregelwesen eifrig trieb; dann Alleghany, Südwest-Virginia, Miami,

Illinois, Wittenberg, Ölzweig, Texas, Nord=Illinois, Pittsburg, Kentucky, Central=Pennsylvania, Ohio (englisch), nördlich Indiana, südlich Illinois, Jowa (englisch) und Melanchthon=Synode. Diese alle traten von 1840 bis 1860 ein. 1860 hatte die General=Synode ihre höchste Stärke erreicht. Sie zählte 26 Synoden. Alle Synoden gehörten zu ihr, die die hier geborene lutherische Bevölkerung repräsentierten (nur nicht Tennessee und Ohio). Sie hatte 864 Pastoren (von 1313) und 164,000 konfirmierte Glieder (von 245,000) oder zwei Drittel der ganzen lutherischen Kirche Amerikas.

Während des Bürgerkrieges (1861—1865) traten sämtliche südlichen Synoden aus und bildeten die „Südliche General=Synode." Es waren 5 Synoden mit 125 Pastoren und 205 Gemeinden. — 1855 erschien die amerikanische Verbesserung der Augsburger Konfession. Da war die lutherische Lehre der Taufe und des Abendmahls ausgemerzt. Das gab Sturm. 1864 verwarf die General= Synode selbst diese Verbesserung und verlangte, daß alle Synoden die Augsburger Konfession annehmen. Aber als doch in York, Pa., . (1864) die Franckean Synode, welche die Augsburger Konfession in keiner Weise anerkannt hatte, mit 97 gegen 40 Stimmen aufgenommen wurde, zog sich die Pennsylvania Synode (1866) zurück und 7 andere Synoden folgten ihr, und die Folge war die Gründung eines neuen Kirchenkörpers: des General = Konzils. Es gab jetzt Spaltung um Spaltung. Alle englischen Pastoren und Gemeinden des Ministeriums von New York traten aus ihrer Synode und schlossen sich der General=Synode an; auch in der Pittsburger Synode gab es ähnliche Spaltung. Seit der Trennung (1866) haben sich 10 Synoden der General=Synode angeschlossen.

In letzter Zeit wird auch auf die deutsche Sprache Gewicht gelegt. Die Synode hat ein deutsches Seminar in Chicago mit 3 Lehrern und 20 Zöglingen. Pastor Jensen in Brecklum sendet hierher seine Leute. Die deutsche Wartburg Synode zählt 37 Pastoren, die deutsche Nebraska Synode 23 Pastoren und die deutsche Cali=

fornia Synode 7 Pastoren. Die Liturgie-Frage hatte in den letzten Jahren die General-Synode sehr beunruhigt.

Sehr eifrig treibt die General-Synode die Heidenmission. Sie hat seit 1859 in Afrika (Liberia) ihre „Mühlenberg-Mission.‟ Diese ist sehr klein und steht unter Missionar Pastor D. A. Day und dem Native Rev. D. Davidson. Es gehören 130 konfirmierte Glieder dazu und 214 Schüler in den Schulen. In Indien hat sie ihre Guntur-Mission mit 7 Missionaren, 194 Helfern, 310 Lehrern, 219 Schulen, 4926 Schülern und 8000 konfirmierten Gliedern in 371 Gemeinden. Eine Familie gab $10,000 zu einem College in Indien. In den drei letzten Jahren (1889—91) vereinnahmte der Schatzmeister $101,000 für Heidenmission. Folgende 27 Synoden bilden die General-Synode:

	Gegr.	Pastoren.	Gem.	konf. Glieder.
1. Synode von Maryland	1820	89	114	17,831
2. Synode von West-Pennsylvanien	1825	93	130	24,744
3. Hartwick Synode (New York)	1830	32	33	4,660
4. Ost-Ohio Synode	1836	40	74	6,148
5. Frankean Synode (in New York)	1837	23	28	2,123
6. Alleghany Synode (in Pennsylvanien)	1842	59	135	12,747
7. Ost-Pennsylvanische Synode	1842	83	117	18,766
8. Miami Synode (in Ohio)	1844	32	43	4,022
9. Wittenberg Synode (in Ohio)	1847	40	73	7,000
10. Olzweig Synode (in Indiana)	1848	24	32	3,002
11. Synode von Nord-Illinois	1851	28	46	2,897
12. Synode von Central-Pennsylvanien	1855	45	86	8,410
13. (Englische) Synode von Jowa	1855	23	24	1,387
14. Synode von Nord-Indiana	1855	36	73	4,406
15. Synode von Süd-Illinois	1856	9	19	1,006
16. Pittsburg Synode	1866	44	80	7,713
17. Central-Illinois Synode	1867	29	26	2,080
18. Susquehanna Synode	1867	37	68	9,223
19. Kansas Synode	1867	42	49	3,022
20. Englische Nebraska Synode	1871	55	54	2,289
21. Synode von New York u. New Jersey	1872	54	58	10,198
22. Deutsche Wartburg Synode	1876	37	48	3,600
23. Mittel-Tennessee Synode	1878	10	11	689
24. Deutsche Nebraska Synode	1891	23	29	1,499
25. Englische California Synode	1881	9	5	570
26. Rocky Mountain Synode	1891	10	6	600
27. Deutsche California Synode	1891	7	17	1,200
		1,103	1,478	158,832

Anstalten der General-Synode.

Name.	Lage.	Gegründet.	Präsident.	Lehrer	Schüler.
Theologische Seminare:					
Hartwick	Hartwick, N. Y.	1816	Dr. A. Hiller	4	18
Gettysburg	Gettysburg, Pa.	1826	Dr. M. Valentine.	4	59
Wittenberg	Springfield, Ohio.	1845	Dr. S. A. Ort.	2	26
Missions-Institut	Selinsgrove, Pa.	1858	Dr. P. Born.	2	14
Deutsches	Chicago, Jll.	1880	Dr. J. D. Severinghaus	3	20
Colleges:					
Pennsylvania	Gettysburg, Pa.	1832	Dr. H. W. McKnight.	16	226
Wittenberg	Springfield, Ohio.	1845	Dr. S. A. Ort.	11	256
Carthage	Carthage, Jll.	1870	Dr. H. Dysinger.	8	144
Watts Memorial	Guntur, Indien.	1886	Past. L. B. Wolf.	13	352
Midland	Atchison, Kan.	1887	Dr. J. A. Clutz	7	86
Akademien:					
Hartwick	Hartwick, N. Y.	1816	Past. J. Pitcher	7	75
Missions-Institut	Selinsgrove, Pa.	1857	Dr. J. R. Dimm,	6	75
Wayne Akademie	Wayne, Neb.	1886	Past. G. W. Fraser.	4	32
Knoxville	Knoxville, Jll.	1887			

Waisenhäuser.	Lage.	
Loats	Frederick, Md.	Dr. Geo. Diehl.
Tabor	Syracuse, N. Y.	Past. A. Oberländer.
Treßler	Loysville, Pa.	Past. P. Willard.

IV. Die Vereinigte Synode im Süden (englisch).

Im Bürgerkrieg 1861 trennten sich die südlichen lutherischen Synoden von denen des Nordens. Wie es zuvor im Norden schon oft vorkam, daß die Hiergeborenen ihre Abneigung gegen die von Deutschland gekommenen Pastoren kund thaten und auf ein amerikanisches Luthertum pochten, so trat auch im Süden eine Erbitterung gegen die Synoden des Nordens ein. Die südlichen Synoden (Nord- und Süd-Carolina, Virginien und Südwest-Virginien) traten 1862 aus der General-Synode und gründeten 1863 in Concord, N. C., „die General-Synode der evang.-lutherischen Kirche in den konföderierten Staaten von Amerika." Diese Synoden waren englisch. Der "Southern Lutheran" wurde zum Organ bestimmt. Nach dem

Kriege (1866) blieb die Trennung fortbestehen. 1867 übertrug die Süd=Carolina Synode ihr Seminar in Newberry an die südliche General=Synode. 1866 wurde die Holston und 1872 die Mississippi Synode aufgenommen. Das theologische Seminar wurde 1872 nach Salem, Va., verlegt. Von jetzt warben die nördliche General=Synode, wie auch das General=Konzil, durch Sendung von Delegaten um die Freundschaft der südlichen General=Synode. Auf der 15. Jahresversammlung 1886 zu Roanoke, Va., wurde eine neue Vereinigung gegründet: „die Vereinigte Synode der evang.=luth. Kirche im Süden." 8 Synoden mit 182 Pastoren, 364 Gemeinden und 30,829 konfirmierten Gliedern waren beigetreten: die Synode von Nord= und Süd=Carolina, Tennessee, Virginien, Südwest=Virginien, Holston, Mississippi und Georgia. Die Basis für die Vereinigung erkennt die Heilige Schrift als alleinige Regel des Glaubens und Lebens an und sämtliche Bekenntnisschriften der lutherischen Kirche als getreue Darlegung der Lehre der Heiligen Schrift.

Die Tennessee Synode (englisch).

Die lutherische Tennessee Synode wurde 1820 von Pastor Philipp Henkel gegründet. Von Anfang an bekannte sich diese Synode entschieden zur Augsburger Konfession und bekämpfte mit aller Macht die neue General=Synode. Pastor Dav. Henkel (ein Sohn von Pastor Paul Henkel) war ihr tüchtigster Vertreter. Nur deutsch durfte bei den Synodal=Verhandlungen gesprochen werden. Doch nach 20 Jahren war es anders. Die Pastoren dieser Synode waren alle in der lutherischen Dogmatik wohl beschlagen. Bereits 1805 hatte die Familie Henkel in New Market, Va., einen Verlag gegründet. Die Pastoren übersetzten viele deutsche Schriften. 1851 wurden auch die symbolischen Bücher der lutherischen Kirche ins Englische übersetzt; auch Luthers Kirchenpostille und eine Sammlung Epistelpredigten (1869). Von hier sind mehr englisch=lutherische Schriften ausge=

gangen, als von irgend einem andern Verlagshaus der Welt. Der
Konfirmanden=Unterricht wurde gründlich getrieben. Im Katechis=
mus und der Bibel mußten die Kinder Bescheid wissen.

Die Synode war vom Missionsgeist beseelt. Da war zwar
keine Maschinerie, wie Missionskomitee und Missionskasse. Jeder
Pastor war Missionar. Aus keiner Kasse wurde er unterstützt, und
doch machte er weite Reisen nach Nord und Süd, durch neun Staaten
zu Pferd, über rauhe Wege, wilde Gegenden, lehrend, taufend, Ge=
meinden bildend, und dabei aß er, was die Leute boten.

Aus der Synode entstammten: die Indiana Synode (1835), die
englische Synode von Missouri und die Holston Synode (1860). Die
Tennessee Synode hat blühende Schulen in Conover und Dallas,
N. C., und in Luray, Va. Früher war der "Lutheran Standard"
von Columbus, O., ihr Blatt und seit 1861 "Our Church Paper."
Sie zählt 34 Pastoren und 105 Gemeinden und gehört seit 1886 zur
„Vereinigten Synode des Südens."

Die Heidenmission wurde mit Eifer von der **Vereinigten
Synode** in Angriff genommen. Aber Rev. W. P. Swartz, seit 1885
in der Guntur=Mission, der als Missionar berufen worden war, kam
1887 aus Indien zurück und wurde Presbyterianer=Pfarrer. Jetzt
beschloß die Synode eine eigene lutherische Mission in Japan zu be=
ginnen und ordnete Pastor J. A. B. Scherer im Dezember 1891 von
Charleston, S. C., nach Japan ab.

Folgende **Anstalten** gehören zur Vereinigten Synode:

	Prof.	Student.
Theologisches Seminar in Newberry, S. C., (seit 1830)	3	6
Roanofe College in Salem, Va., (seit 1853)	10	130
Newberry College in Newberry (1858)	6	90
Nord=Carolina College in Mount Pleasant, N. C., (seit 1858) .	8	96
Concordia College in Conover, N. C., (seit 1878)	6	139

Ferner Schulen in Beth Eden, Miss., Enochville, N. C., und
Flay, N. C., und ein Waisenhaus in Salem, Va. Töchterschulen in
Staunton, Va., Marion, Va., Wytheville, Va., Mount Pleasant,
N. C., Luray, Va., Dallas, N. C.

Die 8 Synoden der Vereinigten Synode des Südens.

	Gegr.	Pastoren.	Gem.	konf. Glieder.
1. Synode von Nord-Carolina	1803	36	57	6,528
2. Tennessee Synode	1820	34	105	9,856
3. Synode von Süd-Carolina	1824	37	61	6,879
4. Synode von Virginien	1830	30	66	5,359
5. Synode von Südwest-Virginien . . .	1842	34	56	4,129
6. Mississippi Synode	1855	8	9	536
7. Synode von Georgia	1860	11	17	1,375
8. Holston Synode (in Tennessee)	1851	11	28	2,152
		201	309	36,814

V. Alleinstehende Synoden.

1. Die Ohio Synode (zwei Drittel deutsch).

In Somerset, Ohio, gründeten 17 Pastoren (darunter Paul
Henkel) am 14. September 1818 „die allgemeine Synode von Ohio
und andern Staaten." Diese ist die älteste lutherische Synode westlich von dem Alleghany-Gebirge. 1833 wurde sie in zwei Distrikte
geteilt und erhielt den Namen „Allgemeine Synode." Die Missions-
arbeit jener Tage war eine viel schwierigere, wie heutzutage. Weder
Geld noch Ehre erhielten jene ersten Glaubensboten, die die weit Aus-
einanderwohnenden aufsuchten. Es waren deutsche Männer, die vom
Missionsgeist beseelt waren. Aber am Tisch des deutschen Ansiedlers
durften sie sich doch satt essen und eine Lagerstätte fanden sie auch.
Eine Missionsreise dauerte oft 1—2 Monate, meist zu Pferde, und
brachte oft große Ermattung und Lebensgefahr. Gemeindeschulen
wurden überall gegründet und das ist das Geheimnis des Wachstums
dieser Synode. 1830 wurde in Columbus, O., das theologische Seminar gegründet und 1850 die Capital University. Hierher

Capital University in Columbus, Ohio.

wanderte 1834 von Philadelphia Wilh. F. Lehmann, um unter
Professor W. Schmidt Theologie zu studieren. Derselbe wurde 1847
Professor am Seminar und blieb es bis zu seinem Tode. 1880.
Hunderte von Pastoren verdanken diesem verdienstvollsten Manne der
Synode ihre Ausbildung. 1884 wurde ein deutsches praktisches
Seminar in Afton, Minn., gegründet, welches jetzt in eine größere
Stadt verlegt werden soll. 1887 erfolgte im Süden die Gründung
eines englischen Seminars in Hickory, N. C. Das Lehrer-
Seminar der Synode befindet sich in Woodville, O., und hat 60
Zöglinge. Das Wernle-Waisenhaus in Richmond, Ind., versorgt
100 Waisenkinder.

Erst in dem letzten Dezennium ging die Synode weit über ihr
altes Gebiet hinaus. Sie schuf 1884 ein allgemeines Missions-
Komitee und sandte ihre Boten bis nach Oregon im Westen und nach
Texas im Süden, so daß sie heute in 20 Staaten Gemeinden hat.
Von Deutschland erhielt die Synode in den letzten zehn Jahren reich-
liche Hilfe durch Zusendung deutscher Studenten von Pfarrer Völter
und von Hermannsburg, welche in Columbus und Afton noch eine
Zeit lang vorbereitet worden.

Als 1820 die General-Synode gegründet wurde, schloß sich die
Ohio Synode nicht an. Auch bei der Gründung des General-Konzils
1866 schloß sie sich nicht an, obwohl sie an den ersten Versammlungen
teilnahm. Dagegen schloß sie sich näher an Missouri an und half
1872 die Synodal-Konferenz gründen. Nach neun Jahren wurde
diese Verbindung gelöst (1881), da der Gnadenwahlstreit die Trennung brachte. Seither steht Ohio wieder als unabhängiger Kirchenkörper da. Was die Sprachen betrifft, so sind die meisten Gemeinden
deutsch. 40 Gemeinden sind ganz englisch und da und dort wird in
beiden Sprachen gepredigt. In den Anstalten haben die beiden
Sprachen Gleichberechtigung. Ihre Blätter sind: die „Lutherische
Kirchenzeitung,“ „Theologische Zeitblätter,“ "The Standard and
Theological Monthly," „Christliche Erziehungsblätter“ und „Kinder-

freude.'' Die Synode zählt 361 Pastoren, 498 Gemeinden und 66,675 konfirmierte Glieder.

Anstalten.

				Prof.	Student.
Theologisches Seminar	in Columbus, O.	Präses	Dr. M. Loy	3	40
Praktisches Seminar	'' Afton, Min.	''	H. Ernst	3	55
Prakt. engl. ''	'' Hickory, N. C.	''	P. Dörmann	1	13
Capital University	'' Columbus	''	Prof. Schütte	8	150
Lehrerseminar	'' Woodville	''	Prof. Mees	3	60
Wernle Waisenhaus	'' Richmond, Ind., 100 Waisenkinder.				

2. Die Buffalo Synode (deutsch).

Im Jahre 1839 kam Pastor J. A. A. Grabau mit einer An=zahl Lutheraner aus Preußen. Derselbe war von der Regierung verfolgt und ins Gefängniß geworfen worden, weil er sich geweigert hatte, die Union in seiner Gemeinde einzuführen. In Buffalo, N. Y., ließen sich die meisten Auswanderer nieder und hier wurde von Grabau ein Predigerseminar gegründet. 4 Pastoren und 18 Ge=meinde=Delegaten gründeten 1845 in Milwaukee, Wisc., die Synode der aus Preußen eingewanderten Lutheraner oder die Buffalo Synode. Zuvor schon (1840) hatte Grabau sich an die Missourier um ein Gut=achten seines Hirtenbriefs gewandt. Missouri verwarf Grabaus Ansicht vom Predigtamt. Grabau warf den Missouriern Irrtümer vor. Es entstand ein jahrelanger Streit zwischen Missouri und Buffalo. 1866 fand ein Kolloquium in Buffalo statt. Mehrere Pastoren trennten sich nun von Buffalo und schlossen sich Missouri an. Ein anderer Teil der Buffalo Synode sagte sich unter Pastor von Rohr's Führung von der Synode los und bildete eine eigene Synode. Nach dem Tode Past. von Rohr's schlossen diese Glieder sich verschie=benen Synoden an. Zur Buffalo Synode gehören jetzt 23 Pastoren, 31 Gemeinden und 5000 konfirmierte Glieder. Ihr Blatt ist „Die wachende Kirche.''

3. Die Iowa Synode (deutsch)

Der Vater „der ev.-luth. Synode von Iowa und andern Staa=
ten" ist Pfarrer Wilh. Löhe (1808–1872). Derselbe entstammte
einer frommen Bürgersfamilie in Fürth bei Nürnberg, studierte in
Erlangen und Berlin; hatte viel Segen vom reformierten Professor
Kraft; entfaltete frühe eine glänzende Beredsamkeit. Er vertiefte sich

Pfarrer Wilh. Löhe in Neuendettelsau, †.

n die hl. Schrift und die luth. Bekenntnißschriften und kam 1837 auf
das Dörfchen Neuendettelsau bei Nürnberg als Pfarrer, wo er
ausgezeichnetes als Prediger, Seelsorger, Liturg und Katechet wirkte.
Er gründete hier ein luth. Diakonissenhaus und das Missionshaus für
Amerika. Er war auch das Haupt der „Gesellschaft für Innere
Mission im Sinne der luth. Kirche in Bayern." Diese Gesellschaft

fandte 1843 Sendboten den luth. Glaubensgenossen in Amerika. Mit den sächsischen Lutheranern der Missouri Synode trat er in herz= liche Beziehung. Seine Sendboten verbanden sich mit der Missouri Synode; auch schenkte er sein Seminar in Fort Wayne dieser Synode. Da brach der Lehrstreit über „Kirche und Amt" aus (1849). Im Saginaw Thal, in Michigan, waren einige fränkische Kolonien (Fran= kenmuth und Frankentrost) angelegt worden. Dort wünschte Löhe eine Anstalt zu gründen (1850). Eine Delegation von der Missouri Synode (Prof. Walther und Wyneken) reiste nach Neuenbettelsau, aber eine Einigung kam nicht zustande.

Am 24. Aug. 1854 gründeten die Pastoren G. Großmann, Sig. Fritschel, J. Deindörfer und M. Schüller in St. Sebald, Jowa, die Jowa Synode. Im Jahre zuvor hatte Pastor Großmann sein Lehrerseminar von Saginaw nach Dubuque, Jowa, verlegt. Das= selbe wurde jetzt zu einem Predigerseminar erweitert, und S. Frit= schel als 2. Lehrer angestellt. Die Armut war groß, der ganze Pro= fessorgehalt bestand in freier Wohnung. Das heutige Geschlecht, das in unsern hübschen Colleges und Seminarien aufwächst, hat gar keinen Begriff von der Selbstverläugnung, die ein Mühlenberg, oder die Gründer der Ohio, Missouri, Jowa, Wisconsin 2c. Synoden in ihren geringen Anstalten durchgemacht. Aber Männer, die das Herz auf dem rechten Fleck hatten, reiften heran. 1857 wurde das Seminar (Wartburg Seminar) nach St. Sebald verlegt. Die Professoren erhielten hier eine Zeit lang freie Wohnung und Kost. Weil die An= stalt keine 2 Lehrer ernähren konnte, nahm 1855 Prof. S. Fritschel eine Gemeinde an und 1857 übernahm sein Bruder Gottfried Frit= schel das Lehramt. Die Synode zählte 1855 nur 5 Pastoren, 5 Gemeinden, und nach 10 Jahren bereits 50 Pastoren, 70 Gemeinden und 6000 konfirmierte Glieder. Löhe hatte aus Neuenbettelsau eine Schar Sendboten geschickt, die fortan ausschließlich für die Jowa Synode arbeiten. Noch heute kommen aus Neuenbettelsau (Insp. Deinzer) ausgebildete Prediger, welche wenigstens 6 Monate Vikars=

Das Wartburg Seminar in Dubuque, Jowa.

dienste thun müssen. Auch von der Anstalt in Melsungen (Hessen) kamen Zöglinge nach Jowa, und jetzt werden in Lübteen, Mecklenburg, junge Männer für die Synode vorbereitet. 1874 wurde das theol. Seminar von St. Sebald nach Mendota, Ills., verlegt und das 1868 gegründete College 1885 mit dem Seminar verbunden.

Jetzt befindet sich das College mit dem Lehrer=Seminar (seit 1874 gegründet) in Waverly, Jowa. Das Prediger=Seminar kam

Das Jowa Waisenhaus in Toledo, O.

1888 wieder nach Dubuque, Jowa, zurück. Zur Synode gehören 300 Pastoren, 493 Gemeinden und 42,491 konfirmierte Glieder. Dieselbe ist in 6 Distrikts=Synoden geteilt, die sich jährlich versam= meln, und alle drei Jahre kommt die allgemeine Delegaten=Synode zusammen. Zwei Waisenhäuser hat die Synode: eines in Toledo, Ohio (Hausvater Pastor K. Beckel), und das andere in Andrew, Jowa (Pastor B. Geissendörfer). Im Wartburg=Verlag erscheinen

14

drei Blätter: das „Kirchenblatt," die „Kirchliche Zeitschrift" und die „Waisenhausblätter." Die Synode hat eine „Pfarrwitwenkasse" und eine Sterbekasse für Witwen und Waisen.

Die Synode bekennt sich zu sämtlichen Symbolen der luth. Kirche und mißbilligt alle glaubensmengerische und schwärmerische Bestrebungen. Sie gestattet Verschiedenheit der Ansichten über theo= logische Fragen, „Offene Fragen," z. B. die Entwickelung der

Prof. Dr. Gottfried Fritschel.

Lehre von den letzten Dingen, dem Predigtamt, Antichrist und Sonntag. Missouri verwarf die offenen Fragen. Als die Buffalo und Missouri=Synode den Lehrstreit über Predigtamt führten, neigte sich Iowa mehr Buffalo zu, und Pastoren bedienten gegenseitig Ge= meinden. Bald trennte die Lehre vom tausendjährigen Reich diese Verbindung. Dann folgte der Lehrstreit mit Missouri. In Milwaukee wurde vom 13. bis 19. Nov. 1867 ein Kolloquium zwi=

ſchen Jowa und Miſſouri gehalten, aber kein rechtes Reſultat erzielt. Viele Zeitungsartikel folgten. In der eigenen Synode bildete ſich eine Partei und gegen 20 Paſtoren ſagten ſich (1876) los und gingen zur Synodalkonferenz. Bei der Gründung des General-Konzils half die Jowa Synode, und beſonders ihre Vertreter haben das Kirchen- buch und die neue Agende ſchaffen helfen. Oft kamen auch Delega- ten, aber dem Konzil hat ſich um der „4 Punkte willen“ Jowa nicht angeſchloſſen. Eine Zeit lang trieb die Synode eine Indianer- miſſion am Lake Superior unter den Crow-Indianern und Cheyen- nes, vom Jahre 1857 bis 1863. Die Konzil-Miſſion in Indien und die luth. Miſſion in Auſtralien und Oſtafrika wird jetzt von der Sy- node unterſtützt. Prof. Dr. Gottfried Fritſchel war einer der Haupt- männer der Synode. Er wirkte über 30 Jahre als Profeſſor im Wartburg Seminar und ſtarb am 12. Juli 1889. Das Seminar hat gegenwärtig 3 Profeſſoren und 45 Studenten, und das College in Waverly 5 Lehrer und 62 Zöglinge.

4. Die drei Norweger Synoden (norwegiſch).

In Norwegen kam die lutheriſche Reformation 1537 zu voller, aus- ſchließlicher Geltung. Als aber am Ende des vorigen Jahrhunderts der Rationalismus auf faſt allen Kanzeln Norwegens herrſchte, trat 1796 ein einfacher, ungelehrter, 25jähriger Bauer, Nielſen Hauge, als Evangeliumsprediger auf und rief eine mächtige, die untern Volks- ſchichten des ganzen Landes ergreifende religiöſe Bewegung hervor. Er durchwanderte 5 Jahre lang ganz Norwegen bis in ſeine äußerſten Winkel und predigte in den Häuſern und unter freiem Himmel, oft 3 bis 4 Mal im Tag. Von der Geiſtlichkeit wurde er verfolgt, ver- läumdet und 10 Mal ins Gefängnis geworfen. Er predigte gegen den Rationalismus und ebenſo gegen die Gefühlsſeligkeit der herrn- hutiſchen Theologie und blieb bei aller Einſeitigkeit doch weſentlich auf dem Boden luth. Rechtgläubigkeit. 1804 mußte er wieder in das Ge-

fängniß wandern und sein Prozeß dauerte 10 Jahre. Als er endlich
freigesprochen wurde, war er an Geist und Körper gebrochen und starb

Die norwegische Seemanns-Kirche in Brooklyn, N. Y.

1824. Zahlreiche Bauernprediger sind aus seiner Schule hervor=
gegangen.

In Rochester, N. Y., legte 1825 der erste Einwanderer aus Nor=
wegen, namens Petersen, die früheste norwegische Kolonie an. Vom

Jahre 1836 kamen Scharen aus Norwegen, zuweilen 15,000 in einem Jahr. Sie hatten Bibeln, Gesang- und Erbauungsbücher mitgebracht. Die Hauge-Leute hielten Bibelstunden, doch fehlten bis 1843 die eigentlichen Seelsorger. Die Episkopalen, Baptisten und die Mormonen wollten sich ihrer brüderlich annehmen. Doch ihr Luthertum war fester, als daß sie sich von jedem Wind der Lehre bewegen ließen. Ein Laienprediger, C. L. Clausen, wurde von Norwegern in Wisconsin berufen und von dem deutsch-luth. Pastor Krause in Milwaukee ordiniert. 1845 erbaute er die erste norwegische Kirche in Muskego, Wisc. Die Hauge Synode entstand 1850. Dann wurde 1851 von Norwegern, Schweden und englischen Lutheranern gemeinschaftlich die Nord-Illinois Synode gegründet, dieselbe gehört zur General-Synode. 1860 traten Schweden und Norweger um der luth. Lehre willen aus und bildeten die skandinavische ev.-luth. Augustana-Synode. 1870 schieden sie sich um der Sprache willen und die „norwegische Augustana Synode" wurde gebildet. Diese Synode schickte jahrelang Delegaten an das General-Konzil, schloß sich aber nie an. Das luth. Bekenntnis halten sie hoch, aber die Liturgie wollen sie nicht.

Für die Heidenmission sind die Norweger sehr thätig. 1887 besuchten zwei luth. Missionare von der Insel Madagaskar Amerika und sammelten $11,000 für die Mission unter den Madagassen. Die Arbeit der Norweger (seit 1867) ist dort die erfolgreichste.

Fünf verschiedene Parteien gab es in der norwegischen lutherischen Kirche Amerikas. Jede hatte besondere Lehre und Gebräuche und alle wollten streng lutherisch sein. Die Anhänger Hauges waren einfach und ernst. Die Anhänger der Staatskirche hielten auf Liturgie, Chorrock und wollten keine Gemeinschaft mit den Pietisten. Eine dritte Partei stand in der Mitte. — Da traten zwei Pastoren als Grundtvigianer auf. (Grundtvig [† 1872] stellte in Dänemark das apostolische Glaubensbekenntnis über die Bibel, betonte einseitig die Taufgnade und wütete sinnlos gegen alles Deutsche.) Da gab es neue Parteien. Die Frage, ob Laien ein Gebet im Gottesdienst sprechen dürfen, bejahten die Hauge=Leute und verneinten die Kirch=lichen. Dann die Lehre vom Sonntag, von der Absolution und endlich von der Gnadenwahl zerrissen die alte norwegische Synode. Dieselbe stand treu zu Missouri. Ihre Prediger waren in St. Louis ausgebildet. Diese Spaltungen wurden tief beklagt und 1881 zu St. Ansgar, Jowa, ein Versuch zur Einigung gemacht. Ein zwanzig=

Waisenhaus in Wittenberg, Wisc.

jähriger Kampf hat Viele friedlicher gestimmt. Endlich 1886 traten aus sämtlichen Synoden je sieben Vertreter in Eau Claire, Wis., zusammen. Nur die alte norwegische Synode war nicht vertreten. 1890 traten in Minneapolis drei Synoden zusammen und gründeten „die vereinigte norwegische evang.=lutherische Kirche in Amerika.“ Ein Seminar (mit 71 Studenten) wurde in Minneapolis, Minn., gegründet. Diese vereinigte Synode hat 302 Pastoren, 800 Ge=meinden und 70,000 konfirmierte Glieder. Weitere Lehranstalten finb: das College in Northfield, Minn., mit 12 Lehrern und 146 Schülern, das College in Minneapolis mit 6 Lehrern und 103 Schülern, die Akademie in Canton, Süd-Dakota, die Indianer-Missionsschule in Wittenberg, Wisc., und die Anstalt in Tacoma, Wash.

Die **Hauge** Synode ist der Vereinigung nicht beigetreten. Sie zählt 65 Pastoren, 185 Gemeinden und 12,745 Glieder, hat ein Seminar mit 2 Professoren und 17 Studenten in Red Wing, Minn., und eine Vorschule daselbst mit 4 Lehrern und 110 Schülern.

Die **alte norwegische Synode** mit 117 Pastoren, 517 Gemeinden und 61,534 Gliedern ist ebenfalls der Vereinigung fern geblieben und steht auf Seiten Missouri's in der Gnadenwahllehre. Sie hat auch in Minneapolis ein Seminar mit 2 Professoren, ein College in Decorah, Jowa, mit 8 Lehrern und 163 Schülern, und eine Akademie in Sioux Falls, Süd-Dakota, mit 5 Lehrern und 72 Schülern. Norwegische Waisenhäuser sind: in Wittenberg, Wisc., Madison, Wisc., Beloit, Jowa, Tacoma, Wash., und eine Diakonissenanstalt in Minneapolis, Minn., und eine Indianerschule in Wittenberg, Wisc. In Brooklyn, N. Y., befindet sich eine norwegische Seemanns-Mission.

5. Die zwei dänischen Synoden (dänisch).

Die Zahl der Dänen ist nicht groß in Amerika. Bekanntlich ist hoch droben im Norden Amerikas, in Grönland, die luth. Kirche durch die Dänen vertreten. Wo 1721 der Norweger Hans Egede (bis 1736) die erste luth. Mission begann, stehen heute 8,500 luth. Eskimos mit 9 Predigern und einem Seminar in Godthaab (Präses N. E. Balle). Auch im heißen Westindien haben die Dänen Gemeinden auf den Inseln St. Thomas, St. Croix mit 4,862 luth. Gemeindegliedern. Auf der Insel Barthelemy sind 100 luth. Glieder.

In den Ver. Staaten wurden die luth. Dänen auch vom Mutterlande versorgt. 1869 bildete sich in Dänemark ein Verein für

Die dänische Hochschule zu Elkhorn, Jowa.

Amerika und sandte Prediger herüber. Diese verbanden sich hier 1872 zu einer Synode, die sich „die dänisch ev.=luth. Kirche in Amerika" nannte. Dieselbe hat 50 Pastoren, 110 Gemeinden und 11,500 konfirmierte Glieder. Sie haben in West=Dänemark, Wisc., ein theologisches Seminar mit 2 Lehrern und 13 Studenten, ferner Hochschulen in Elkhorn, Jowa; Ashland, Mich., und Tyler, Minn. Ein Waisenhaus ist in Chicago. In New York treibt der sehr eifrige Pastor R. Andersen die dänische Emigranten=Mission, und in Süd=Brooklyn ist eine Seemanns=Mission.

„Die dänisch ev.=luth. Kirchengemeinschaft" wurde 1884 von dänischen Pastoren gegründet. Sie zählt 24 Pastoren, 50 Gemein= den und 4000 konfirmierte Glieder. Ihr theologisches Seminar ist in Blair, Nebr., an dem 3 Professoren 25 Studenten unterrichten. Einer ihrer Missionare wirkt unter den Mormonen in Utah.

6. Die isländische Synode (isländisch).

Die Insel Island, hoch im Norden Europas, ist ein „Eisland" und zugleich ein „Feuerland" (voll Vulkane). Schon von ferne er= blickt man die schneebedeckten Berghäupter mit den Rauchsäulen. Die Isländer sind alle lutherisch (seit 1551) und gehören seit 1387 zu Dänemark. Man zählt 72,240 Einwohner, auf 4700 Höfen zerstreut, die in 308 Kirchspielen mit 180 Pfarrern unter einem lutherischen Bischof eingeteilt sind. Das isländische Volk ist wohl unterrichtet. Mancher Hausvater versteht Latein. In den langen Winternächten lehrt der Vater die Kinder, erzählt die Landes= und Heldengeschichten in der altnordischen Sprache der Edda. Früher blühten Wissenschaften und Künste in Island, Skalden (Schilderer) oder Gänger reisten an die Höfe Europas und kühne Seefahrer entdeckten Grönland (983) und Amerika (990). In der neueren Zeit kommen die Isländer nach Amerika und siedeln sich im Nordwesten an. In Canada (Manitoba), Minnesota und Nord=Dakota wohnen Tausende. Es ist sogar die

Rede davon, die Isländer in Alaska anzusiedeln. Im Jahre 1885 gründeten zwei isländische Pastoren die „isländische lutherische Kirchengemeinschaft." Leider haben die Presbyterianer in Winnipeg durch Anstellung eines Predigers versucht, die Isländer presbyterianisch zu machen (Dr. Bryce). Dann wurde einer ihrer Pastoren Unitarier. Gegenwärtig bedienen 5 Pastoren 23 Gemeinden mit 5000 Kommunikanten. Winnipeg ist ihr Hauptsitz.

7. Die finnische Synode (finnisch).

Die Heimat der Finnen ist Finnland. Es bildet eine mächtiggroße Halbinsel zwischen Schweden und Nord-Rußland und reicht vom finnischen Meerbusen bis zum Eismeer, wo die Lappländer wohnen. Es gehörte zu Schweden und seit 1809 zu Rußland, hat aber eigene Verwaltung. Die Hauptstadt ist Helsingfors (Universität mit 1023 Studenten) mit 44,000 Einwohner. Man zählt an 2 Mill. Finnen. Dieselben sind lutherisch und haben einen lutherischen Erzbischof in der alten Hauptstadt Abo und zwei Bischöfe in Borgå und Kuopio. Die Finnen sind ein biederes, arbeitsames Volk, besitzen schöne Volkslieder und singen gerne. Deutsch verstehen die meisten Gebildeten.

Seit zehn Jahren kommen die Finnen zahlreich nach Amerika. Sie haben in Michigan ihre größten Ansiedlungen, doch sind sie über den ganzen Nordwesten verbreitet. In Hancock, Mich., erscheint ihr kirchliches Blatt "Paimen - Sanomia" (Redakteur Pastor J. G. Nikander). Ihre Synode „Suomi Synoden" wurde 1889 gegründet und zählt 6 Pastoren mit 12 Gemeinden und 2400 konfirmierten Gliedern. Die Synode in Finnland beschloß auf Bitten der finnischen Pastoren Nikander, Eloheimo, Tolonen ꝛc. sich der hiesigen Finnen anzunehmen und eine Anzahl Pastoren nach Amerika zu senden.

Stand der alleinstehenden Synoden.

		Organif.	Prediger.	Gemeind.	Kommunif.
1.	Ohio Synode	1818	361	498	66,675
2.	Buffalo Synode	1845	23	31	5,000
3.	Hauges norwegische Synode	1846	65	185	12,745
4.	Synode der norw. luth. Kirche	1853	177	517	61,534
5.	Michigan Synode	1860	38	55	7,995
6.	Dänische luth. Kirche (Landeskirche)	1872	48	125	10,000
7.	Augsburg Synode	1875	21	23	5,981
8.	Dänische luth. Kirchengemeinschaft	1884	27	34	1,417
9.	Isländische Kirchengemeinschaft	1885	5	22	2,900
10.	Immanuels Synode	1886	18	21	4,000
11.	Finnische lutherische Synode	1889	6	12	2,400
12.	Vereinigte norwegische luth. Kirche	1890	302	775	70,000
13.	Alleinstehende Pastoren		37	50	6,000
			1128	2,348	256,647

Wachstum der luth. Kirche in Amerika von 1780 bis 1892.

	Synoden.	Pastoren.	Gemeinden.	Konf. Glieder.
1780	1	70	300	35,000
1814	3	85	380	40,000
1823	6	178	900	80,000
1845	22	538	1,307	135,629
1860	36	1,193	2,279	232,780
1867	42	1,644	2,915	323,825
1869	47	1,855	3,238	372,905
1870	48	2,016	3,330	396,567
1872	54	2,175	3,826	458,607
1875	53	2,546	4,559	559,119
1878	59	2,914	5,136	655,529
1880	58	3,087	5,376	689,195
1883	57	3,429	6,130	785,787
1885	58	3,708	6,529	871,936
1887	59	4,009	7,104	947,144
1888	58	4,202	7,336	994,405
1889	58	4,406	7,505	1,033,367
1890	60	4,591	7,862	1,086,045
1891	58	4,819	8,183	1,153,212
1892	61	5,028	8,388	1,187,854

Schlußwort.

Als vor 150 Jahren Mühlenberg von Halle ankam, gab es weder Synoden noch geordnete Gemeinden. Jetzt giebt es hier 61 lutherische Synoden mit 5028 Pastoren, 8388 Gemeinden, 1,187,854 Abendmahlsgenossen, ferner 22 theologische Seminare, 26 Colleges, 35 Waisenhäuser und 94 kirchliche Blätter. Das ist gewiß ein Fortschritt zu nennen. Überdies giebt es bei aller Lehrverschiedenheit doch jetzt nicht eine einzige Synode, welche die Augsburger Konfession nicht annähme.

Sehr zu beklagen ist es aber, daß je mehr die Gemeinden englisch werden, auch die lutherischen Gemeindeschulen schwinden. Die englischen Gemeinden haben keine einzige Gemeindeschule. Auch in den deutschen Gemeinden des Ostens sind diese Schulen sehr rückwärts gegangen. Die Missouri, die Ohio, die Jowa und die schwedische Synode haben Lehrerseminare und pflegen die Gemeindeschulen. Auch die Katholiken und englischen Episkopalen haben solche. So hatten auch die Väter zu Mühlenbergs Zeit dieselbe in Pennsylvanien und verhandelten in den Synoden darüber. Das heutige Geschlecht lernt weder die biblische Geschichte noch den Katechismus gründlich. Es fehlen Schulen mit den seminaristisch gebildeten Lehrern, welche den christlichen Unterricht erteilen. Die Sonntagschule (eine Stunde am Sonntag) soll alles ersetzen. Das ist ein Ding der Unmöglichkeit. Das solide Fundament einer bekenntnistreuen Kirche muß schwinden. Wie schrecklich unwissend solche Kinder in den Konfirmanden-Unterricht kommen, wissen die Seelsorger, welche es ernst mit dem Unterricht nehmen. Leider giebt es viele Pastoren, welche nur einige Lectures geben und dann die Konfirmation vornehmen.

Jetzt weht ein weltlicher Wind durch das Land. Man hält nicht blos Jahrmärkte (fairs) in vielen Kirchen, um Geld zu gewinnen, sondern man sucht durch Kurzweil und Unterhaltung die Leute anzulocken. Das Gotteshaus wird zu einer Art Theater, das man sehr billig haben kann. Wo es am meisten "fun" giebt, ist die Menge zu finden. Viele Vereine für das junge Volk bringen so die Welt in die Kirche und helfen das Christentum verflachen. Ernste Stimmen werden laut; aber was einmal Mode ist, dauert seine Zeit. Zurück zum Wort! zum alten Gottes-Wort! muß wieder der Ruf der Wächter auf Zions Mauern werden. Und unser Gebet soll sein:

Ach bleib bei uns, Herr Jesu Christ,
Weil es nun Abend worden ist,
Dein göttlich Wort, das helle Licht,
Laß ja bei uns auslöschen nicht!

In dieser letzt betrübten Zeit
Verleih uns, Herr, Beständigkeit,
Daß wir Dein Wort und Sakrament
Rein b'halten bis an unser End.